6

Klick!

Deutsch

Arbeitsheft
Rechtschreiben und Grammatik

Herausgegeben von
Nena Welskop

Erarbeitet von
Michaela Krauß, Corinna Nagel, Anke Quinten,
Paula Seeburg

 In der **Cornelsen Lernen App** findest du
passend zu deinem Arbeitsheft

- Audios
- interaktive Elemente

Inhaltsverzeichnis

Rechtschreiben und Grammatik

Laute und Buchstaben
Vokale: a, e, i, o, u

Kati schreibt ihrem Freund Max im Chat.

Kati   Mein T☐lefon ist k☐putt.

Max   Was ist denn los? Schreib mal!

Kati   die Bl☐me ✿
die Tromp☐te 🎺
der P☐k☐l 🏆
die Z☐tr☐ne 🍋

Max   Aha! Manche Vokale fehlen.

→ die Blume
der Pokal
das Telefon
kaputt
die Trompete
die Zitrone

1 **a)** Schreibe die Wörter aus dem Chat richtig auf.
b) Markiere die Vokale **a, e, i, o, u**.

das Telefon,

! a, e, i, o, u bringen Wörter zum Klingen.
a, e, i, o, u heißen **Vokale (Selbstlaute)**.

---

2 **a)** Lies die Wörter halblaut.   ▶ Audio
b) Ergänze die Vokale.

 die Tast__tur

 S__per!

 das K__no

 die G__t__rre

 der R__genb__gen

 das M__kr__f__n   ▶ Quiz

→ die Tastatur
das Mikrofon
die Gitarre
der Regenbogen
das Kino
Super!

Verbundene Vokale: ei, au, eu

Max hat eine Idee. Er ruft Kati an.

► Audio

1 „Komm doch <mark>heute</mark> in den Park!
2 Wir treffen uns an der M**au**er.
3 Unser Fr**eu**nd Tarik ist **au**ch dort.
4 Du kannst ihm d**ei**n kaputtes Handy z**ei**gen."

 1 a) Markiere im Text die Wörter mit **ei**, **au** und **eu**.
b) Schreibe die Wörter in die Tabelle.
c) Markiere **ei**, **au** und **eu**.

► Quiz

ei	au	eu
_____	_____	h(eu)te _____
_____	_____	_____

Manchmal sind **zwei Vokale** verbunden.
Auch **verbundene Vokale** (Zwielaute)
bringen Wörter zum Klingen: (ei) (au) (eu)

Das Handy

1 Die <mark>Freunde</mark> sind im Park. Kati zeigt ihr Handy.
2 Tarik prüft es. Er löscht eine App.
3 Kati startet das Handy neu. Nach kurzer Zeit sagt Tarik:
4 „Jetzt kannst du alles richtig schreiben."
5 Kati und Max freuen sich.

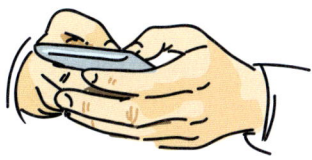

2 a) Markiere im Text sieben Wörter mit **ei** und **eu**.
b) Schreibe die Wörter auf.
c) Markiere die verbundenen Vokale.

die Fr(eu)nde, _____
_____

Wörter mit B/b

Ole und Luan sammeln Wörter mit B und b.

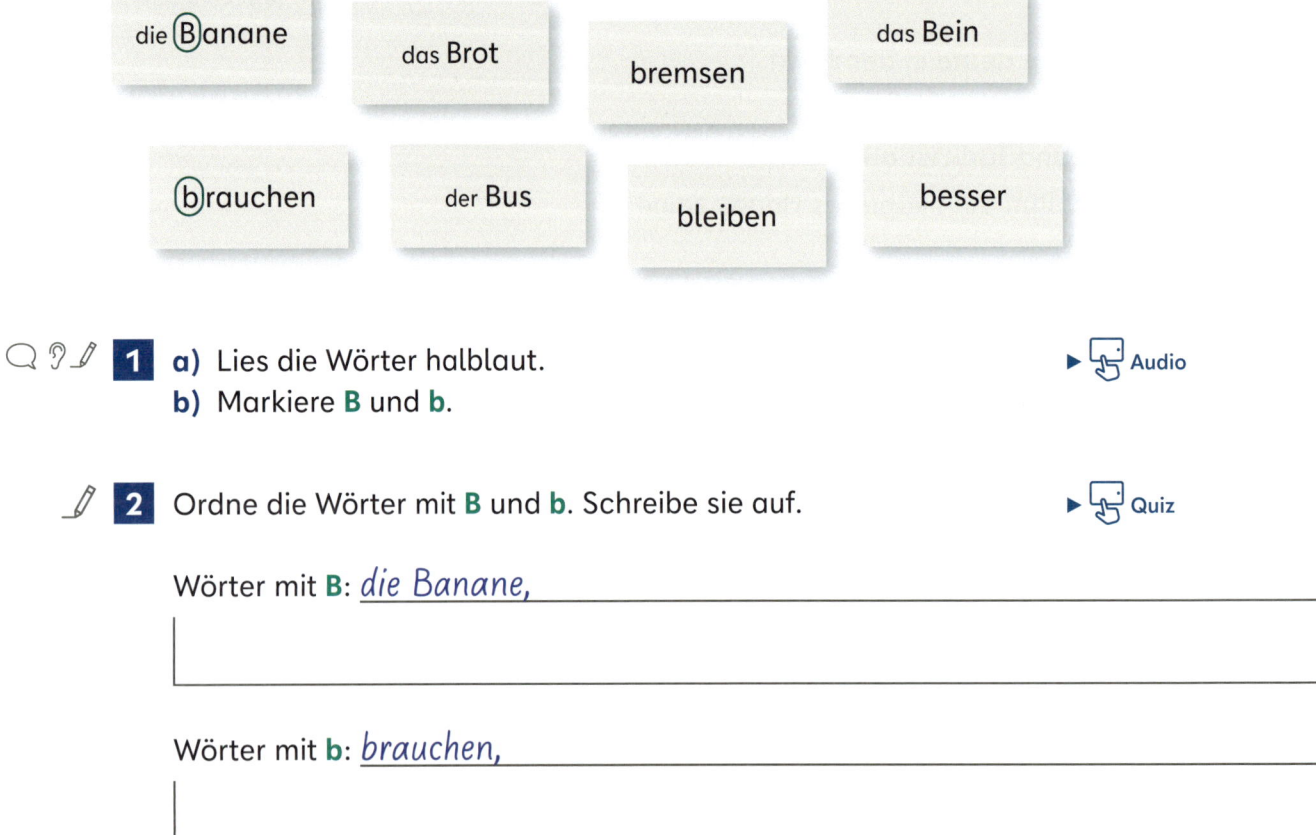

die (B)anane

das Brot

bremsen

das Bein

(b)rauchen

der Bus

bleiben

besser

1 a) Lies die Wörter halblaut.
   b) Markiere **B** und **b**.

▶ Audio

2 Ordne die Wörter mit **B** und **b**. Schreibe sie auf.

▶ Quiz

Wörter mit **B**: *die Banane,*

Wörter mit **b**: *brauchen,*

3 a) Finde je drei weitere Wörter mit **B** und **b**.
      Tipp: Du kannst in der Wörterliste nachschlagen.
   b) Schreibe die Wörter oben auf die Linien.

▶ Wörterliste, S. 60–62

Ole und Luan schreiben mit ihren Wörtern eine Geschichte.

Im Bus

1 Max steht im Bus und träumt.
2 Plötzlich bremst der Bus. Max fällt hin.
3 Die Fahrerin ruft: „Hey, brauchst du Hilfe?"
4 Max sagt: „Nein, danke.
5 Mein Bein tut nur ein bisschen weh."
6 Die Fahrerin ruft: „Gut.
7 Aber halte dich nächstes Mal besser fest!"

4 a) Lies die Geschichte.
   b) Markiere alle Wörter mit **B** und **b**.

▶ Audio

Wörter mit P/p

Mia möchte auch eine Geschichte schreiben.
Sie sammelt Wörter mit P und p.

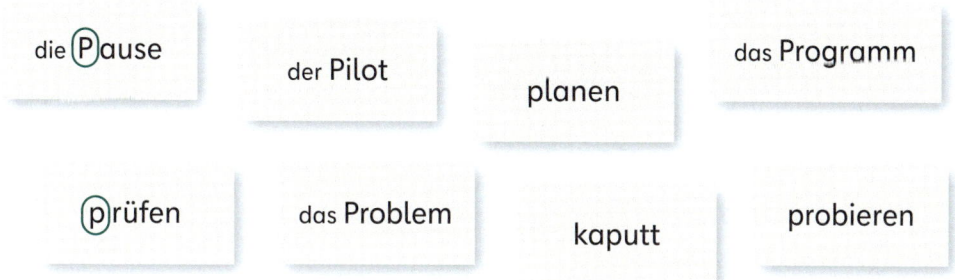

die (P)ause

der Pilot

planen

das Programm

(p)rüfen

das Problem

kaputt

probieren

1 **a)** Lies die Wörter halblaut.
   b) Markiere P und p.

▶ Audio

▶ Quiz

Im Raumschiff

1 Das Raumschiff kann nicht starten.

2 Die Astronauten suchen das Problem.

3 Sie prüfen die Technik.

4 Vielleicht ist die Steuerung kaputt.

5 Sie starten die Programme neu.

6 Doch nichts passiert. Die Astronautin sagt:

7 „Wir machen erst mal eine Pause."

2 **a)** Lies die Geschichte.
   b) Markiere alle Wörter mit P und p.
   c) Ordne die Wörter. Schreibe sie auf.

▶ Audio

Wörter mit **P**: *das Problem,*

Wörter mit **p**: *prüfen,*

3 **a)** Finde je drei weitere Wörter mit P und p.
   Tipp: Du kannst in der Wörterliste nachschlagen.
   b) Schreibe sie oben auf die Linien.

▶ Wörterliste, S. 60–62

Wörter mit G/g

**Cem und Mara möchten eine Geschichte schreiben.
Sie sammeln Wörter mit G und g.**

der Ⓖarten

gehen

die Getränke

vergessen

Ⓖrinsen

das Geschenk

die Gäste

das Geräusch

1 **a)** Lies die Wörter halblaut.
   b) Markiere G und g.

▶ Audio

▶ Quiz

Toms Geburtstag

1 Tom wartet auf seine Gäste. Er geht zur Haustür.

2 Aber dort ist niemand. Haben ihn alle vergessen?

3 Tom hört ein Geräusch im Garten.

4 Dort stehen seine Freunde und grinsen.

▶ Audio

2 **a)** Lies die Geschichte.
   b) Markiere alle Wörter mit G und g.
   c) Ordne die Wörter. Schreibe sie auf.
   d) Finde je drei weitere Wörter mit G und g.

▶ Wörterliste, S. 60–62

Wörter mit G: _____

Wörter mit g: _____

3 Ergänze passende Wörter mit G oder g.

Die Freunde geben Tom ein großes _____ .

Der Vater bringt Kuchen und kalte _____ .

Tom ist _____ .

→ glücklich
  Geschenk
  Getränke

Wörter mit K/k

Emma und Fabio möchten auch eine Geschichte schreiben.
Sie sammeln Wörter mit **K** und **k**.

die (K)artoffeln

kaufen

die Kraft

stark

(k)lettern

der Keller

kicken

das Paket

1 **a)** Lies die Wörter halblaut.
　　 b) Markiere **K** und **k**.

▶ Audio

▶ Quiz

Echt stark

Paula wünscht sich mehr _____ .

Mama sagt: „Räum doch den _____ auf."

Opa meint: „Iss Kohl und _____ ."

Paulas Bruder sagt: „Kraft bekommst du beim Sport!

Du musst werfen und _____

und _____ ."

2 **a)** Lies die Geschichte.
　　 b) Ergänze zu den Bildern die passenden Wörter mit **K** und **k**.
　　　　 Du findest sie oben in Aufgabe 1.

3 **a)** Finde mindestens vier weitere Wörter mit **K** und **k**.
　　 b) Schreibe sie auf.

▶ Wörterliste, S. 60–62

Wörter mit **K**: _____

Wörter mit **k**: _____

Mitsprechwörter – Nachdenkwörter
Wörter mit doppelten Konsonanten

Die Klasse 6c hilft in der Mensa.

1 a) Schreibe die passenden Wörter zu den Bildern.
b) Lies die Wörter halblaut Silbe für Silbe.
c) Male Silbenbögen.

► Audio

das _Messer_   die _Suppe_

→ die Butter
die Kanne
der Löffel
das Messer
die Suppe
der Teller

der _____   der _____

► Quiz

die _____   die _____

**Viele Wörter schreiben wir so, wie wir sie sprechen und hören.
Diese Wörter sind Mitsprechwörter 👂.**

2 a) Lies die Wörter halblaut Silbe für Silbe.
Welche Laute hörst du doppelt?
b) Markiere die doppelten Konsonanten.

► Audio

wir gri**ll**en	wir essen	wir füttern	wir hoffen
wir rennen	wir tippen	wir rollen	wir gewinnen
die Tasse	die Pfanne	der Lappen	das Wetter
die Kartoffel	die Schüssel	das Butterbrot	die Eiswaffel

3 a) Schreibe die Wörter aus Aufgabe 2 ab.
Der Wort-Profi für Mitsprechwörter hilft dir.
b) Male Silbenbögen.

► Wort-Profi, S. 64

wir grillen,

Wörter mit doppelten Konsonanten

📖 In der Mensa

1 Ava und Erik holen die <mark>Teller</mark> aus dem Schrank.

2 Fabio und Ben stellen auf jeden Tisch eine Kanne Wasser.

3 Lea bringt die Löffel und die Messer.

4 Heute gibt es eine heiße Suppe und Brot.

5 Ava sagt: „Ich nehme nur ein Brot mit Butter."

6 Zum Nachtisch essen die Kinder Waffeln.

4 Im Text stehen zehn Wörter mit doppelten Konsonanten.
Markiere die Wörter.

5 Schreibe die Wörter mit doppelten Konsonanten auf. ▶ 👆 Quiz

Wörter mit **ff**: _____

Wörter mit **ll**: *die Teller,* _____

Wörter mit **nn**: _____

Wörter mit **pp**: _____

Wörter mit **ss**: _____

Wörter mit **tt**: _____

6 Finde weitere Wörter mit doppelten Konsonanten. Schreibe sie oben auf die Linien.
Tipp: Du kannst Wörter aus Aufgabe 2 verwenden.

Wörter mit doppelten Konsonanten

Auch diese Wörter schreiben wir mit doppelten Konsonanten.

7 **a)** Schreibe die passenden Wörter zu den Bildern.

b) Lies die Wörter halblaut. Achte auf den Vokal. ▶ Audio

c) Male einen Punkt unter den Vokal.

der _Müll_   das _____

das _____   der _____

der _____   das _____

→ das Schloss
der Kamm
das Bett
der Ball
das Schiff
der Müll

▶ Quiz

Viele Wörter mit einer Silbe können wir verlängern.
Dann können wir die Wörter Silbe für Silbe sprechen.

8 **a)** Lies die Wörter halblaut. ▶ Audio

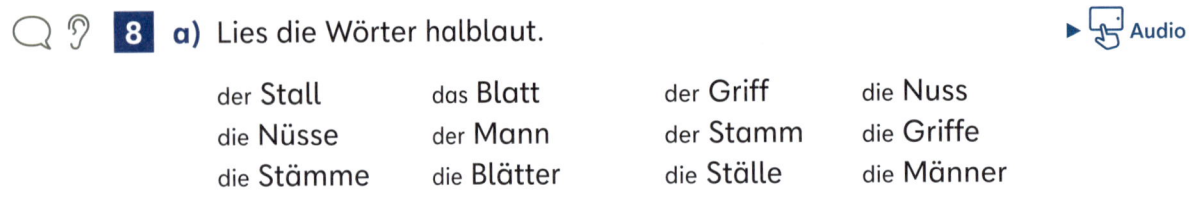

der Stall   das Blatt   der Griff   die Nuss
die Nüsse   der Mann   der Stamm   die Griffe
die Stämme   die Blätter   die Ställe   die Männer

b) Finde die Wortpaare. Schreibe sie in die Tabelle.

c) Male einen Punkt unter den Vokal. Male Silbenbögen.

ff	ll	mm
_____	_der Stall_	_____
_____	_die Ställe,_	_____

nn	ss	tt
_____	_____	_____
_____	_____	_____

Wörter mit doppelten Konsonanten

📖 Henri räumt auf

1 Henri legt | das Kissen | auf sein Bett. |

2 Dann räumt er | den Ball | in die Kiste. |

3 Henri stellt | die Trommel | in die Ecke. |

4 Danach bringt er | den Kamm | ins Bad. |

5 Der Roller | soll nicht | im Zimmer stehen. |

6 Henri rollt ihn | schnell | in den Flur. | Fertig!

9 Im Text stehen zwölf Wörter mit doppelten Konsonanten.
Markiere die Wörter.

▶ 🖱 Quiz

10 Schreibe mindestens vier Sätze aus dem Text ab.
Der Satz-Profi hilft dir.

▶ Satz-Profi,
Umschlag hinten

Henri räumt auf

_____

_____

_____

_____

_____

_____

☆ **11** Schreibe zu jedem Wort ein passendes Reimwort auf.
Tipp: Du kannst Wörter in den Aufgaben 1 bis 8 finden.

der Schluss – *die Nuss* _____   die Gruppe – _____

der Knall – _____   die Pfanne – _____

das Brett – _____   die Klasse – _____

Nachdenkwörter
Wörter mit b, d, g am Ende

Leon möchte ein Märchen schreiben.
Er denkt nach, wie er die Nomen schreiben muss.

 **1** **a)** Verlängere die Nomen: Bilde die Mehrzahl. Schreibe auf. ▶  Audio
b) Ergänze **b**, **d** oder **g** am Ende.

der Zwer*g*____ → die *Zwerge*_____

der We_____ → die _____

der Kor_____ → die _____

der Wal_____ → die _____

der Sta_____ → die _____

der Die_____ → die _____

→ die Körbe
die Stäbe
die Wälder
die Zwerge
die Diebe
die Wege

Bei manchen Wörtern müssen wir nachdenken, wie wir sie schreiben.
Diese Wörter sind Nachdenkwörter.

2 So beginnt das Märchen von Leon.
Ergänze die Nomen aus Aufgabe 1. ▶  Quiz

Es war einmal ein mutiger _____ .

Er lebte mit den anderen Zwergen im _____ .

Eines Abends nahm der Zwerg seinen _____ .

Er holte auch seinen magischen _____ .

Dann lief er den _____  entlang bis zum Dorf.

Dort stand ein Birnbaum in einem Garten.

Der Zwerg schlich zu dem Baum so leise wie ein _____ .

Wörter mit b, d, g am Ende

Leon schreibt das Märchen weiter.
Er denkt nach, wie er die Adjektive schreiben muss.

3 **a)** Verlängere die Adjektive: Schreibe sie vor ein Nomen.   ▶ 🖐 Audio
   b) Ergänze **b**, **d** oder **g** am Ende.

riesi*g*____ → der *riesige*_____ Baum

safti____ → das _____ Obst

gel____ → die _____ Birne

wüten____ → der _____ Nachbar

klu____ → die _____ Frau

4 So geht das Märchen weiter.   ▶ 🖐 Quiz
Ergänze passende Adjektive vom Rand.

Die Birnen hingen hoch oben,

denn der Birnbaum war _____.

Aber der Zwerg war _____.

Er tippte mit seinem magischen Stab an den Baum.

Drei Birnen fielen herunter. Sie waren _____

und _____.

Da kam eine Frau aus dem Haus und lachte.

Sie sagte: „Lieber Zwerg, ich bin nicht _____.

Nimm so viele Birnen, wie du tragen kannst!"

Der Zwerg legte drei Birnen in seinen Korb und ging fort.

→ riesig
gelb
saftig
klug
wütend

5 Wie erntete der Zwerg die Birnen?
Markiere die Antwort im Text.

Adjektive mit ä

Ava und Ben vergleichen ihre Schals.

Mein Schal ist **lang** und **warm**.

Mein Schal ist **länger** und bestimmt **wärmer**.

1 Markiere in den blauen Adjektiven **a** und **ä**.

Wir denken bei länger an lang, bei wärmer an warm.
Länger und wärmer sind Nachdenkwörter 🗨.

2 **a)** Schreibe die Adjektive auf. Ergänze jeweils das verwandte Wort. ▶ 👆 Quiz
b) Markiere **ä** und **a**.

→ länger • älter • kälter • wärmer • stärker • schärfer • härter → scharf
warm
lang
hart
stark
alt
kalt

länger → lang,

3 Vergleiche. Ergänze passende Adjektive mit **ä** aus Aufgabe 2.

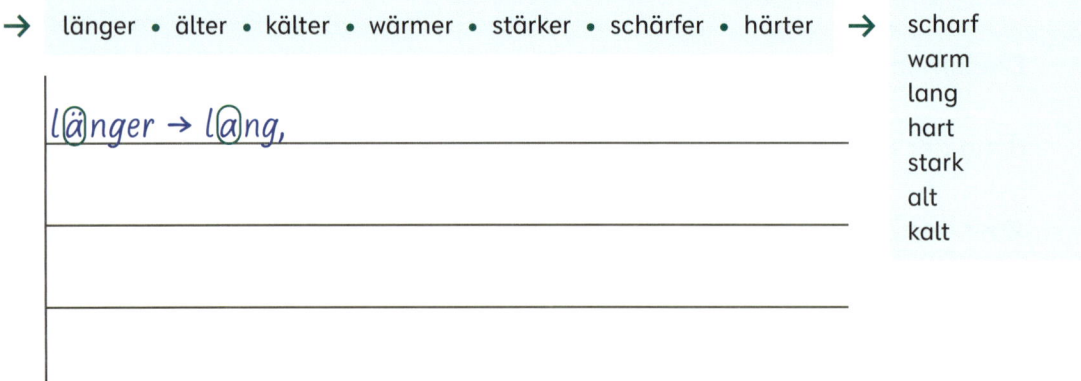

Der Opa ist _____ als der Vater.

Die Zwiebel ist _____ als das Radieschen.

Der Stein ist _____ als der Ball.

Nomen mit ä und äu

📖 **Im Herbst**

1 Ava und Ben machen einen Ausflug.
2 Sie schnappen sich ihre <mark>Fahrräder</mark>.
3 Dann fahren sie zu den nahen Gärten.
4 Dort lehnen sie die Fahrräder an die Zäune.
5 Ava und Ben suchen die kleinsten Bäume.
6 Vorsichtig ziehen sie die Äste herunter.
7 Dann pflücken sie die reifen Äpfel.

🖉 **1** Im Text stehen Nomen mit **Ä**, **ä** und **äu**.
   a) Markiere die Nomen mit **Ä**, **ä** gelb.
   b) Markiere die Nomen mit **äu** blau.

▶  Quiz

**Wir denken bei Gärten an Garten, bei Zäune an Zaun.
Gärten und Zäune sind Nachdenkwörter** 💬.

🖉 **2** **a)** Ordne die Nomen. Schreibe sie auf.
     Ergänze jeweils das verwandte Wort.
   b) Markiere **ä/a** und **äu/au**.

die Fahrräder, die Bäume, die Gärten, die Äpfel,
die Träume, die Äste, die Häuser, die Zäune

ä → a

die Fahrr(ä)der → das Fahrr(a)d, _____

→ das Fahrrad
  das Haus
  der Zaun
  der Baum
  der Garten
  der Ast
  der Apfel
  der Traum

äu → au

die B(äu)me → der B(au)m, _____

Merkwörter
Wörter mit C/c

Wörter mit C/c sind Merkwörter .
Wir müssen uns merken, wie die Wörter geschrieben werden.
Hier hören wir k, aber wir schreiben c.

 **1 a)** Lies die Wörter halblaut.  Quiz
   b) Markiere alle **C/c.**

der Comic

der Computer

die Cornflakes

das Café

die Cola

der Campingplatz

2 Ergänze passende Wörter mit **C/c** aus Aufgabe 1.

Auf dem Campingplatz gibt es ein _____.

Juri trinkt dort eine _____.

Leila bestellt eine Schale _____.

Alex liest einen _____.

Die Kellnerin schreibt am _____.

3 a) Schreibe die Merkwörter ab.
   Der Wort-Profi für Merkwörter hilft dir.
   b) Markiere alle **C** und **c.**

▶ Wort-Profi,
Umschlag hinten

* das Cover (sprich:
kawwa): die Titelseite
von einem Buch

die Creme   der Club   cool
das Cover*   die Currywurst clever

_____

_____

Wörter mit V/v

 Ein Vogel in der Klasse

1 In der Klasse 6a gibt es heute **viel** Aufregung.

2 Ein Spatz hat sich ins Klassenzimmer **verirrt**.

3 Die Kinder wollen ihm helfen, aber der **Vogel** hat Angst.

4 Er **versteckt** sich hinter dem Schrank.

5 Mara kann ihn mit einem Tuch einfangen.

6 Sie setzt das Tier **vorsichtig** an das offene Fenster.

7 Frau Wagner ist **verärgert**.

8 Der Spatz hat ihren Tisch **verschmutzt**.

1 **a)** Lies den Text. Achte auf die blauen Wörter.

▸ Quiz

b) Schreibe die blauen Wörter aus dem Text auf.

c) Markiere alle **V/v**.

der Vogel, _____

_____

_____

Wörter mit V/v sind Merkwörter ❗ .
Wir müssen uns merken, wie die Wörter geschrieben werden.
Hier hören wir f, aber wir schreiben v.

2 **a)** Schreibe die Sätze ab. Der Satz-Profi hilft dir.

▸ Satz-Profi,
Umschlag hinten

b) Markiere die Merkwörter mit **V** und **v**.

1 In der Stadt | ist viel Verkehr. |

2 Am Vormittag | sind viele Leute | unterwegs. |

3 Der Bus | kommt verspätet. | Mein Vater | ist deshalb | verärgert.

_____

_____

_____

_____

📖 Die **Bienen**

1 Elif und Mara gestalten ein Plakat über **Bienen**.

2 Sie sammeln **viele** Informationen über die **Tiere**.

3 Zuerst **notieren** sie wichtige Wörter.

4 Dann schreiben sie den Text. Das ist nicht so **schwierig**.

5 Aber Elif und Mara müssen manchmal **radieren**.

6 Am Ende sind sie mit dem Plakat **zufrieden**.

Die Bienen

1 a) Lies den Text. Achte auf die blauen Wörter mit **ie**.

b) Schreibe die Wörter auf. Markiere **ie**.

▶ Audio

die Bienen, _____

_____

_____

! Wir schreiben meistens **ie**, wenn wir
am Ende der Silbe einen i-Laut hören:

die Bi(ie)nen

Hier werden Wörter mit ie gesucht.

2 a) Ergänze die passenden Wörter mit **ie**.

b) Male Silbenbögen. Markiere **ie**.

▶ Quiz

Welche Zahl kommt nach sechs? *sieben* _____ →

Was ist das Gegenteil von einfach? _____

Was hat man oft, wenn man krank ist? _____

Welche Schuhe trägt man oft im Winter? _____

Welches Insekt sorgt für süßen Honig? _____

Was singen die Kinder in der Musik-AG? _____

schwierig
das Fieber
die Biene
sieben
die Lieder
die Stiefel

Wörter mit ie

📖 **Ben ist auf dem Bauernhof. Er schreibt einen Brief.**

1 Hallo Oma,

2 danke für deinen **Brief**.

3 Wir haben **hier** schon **viel** erlebt.

4 Gestern wollte jemand ein Huhn stehlen.

5 Aber der Bauer hat einen Hund, der aufpasst.

6 Das **Tier** hat gebellt und der **Dieb** ist weggelaufen.

7 Wer war dieser Dieb? Ein Fuchs!

8 In **vier** Tagen kommen wir nach Hause.

9 Ich habe dich **lieb**.

10 *Ben*

📖 **3** **a)** Lies den Text. Achte auf die blauen Wörter mit **ie**.
✏ **b)** Schreibe die Wörter auf. Markiere **ie**.

der Br(ie)f,

Hier reimen sich immer zwei Wörter mit ie.

✂ **4** **a)** Finde die Reimwörter. Verbinde sie.   ▶ 👆 Quiz
✏ **b)** Schreibe die Reimpaare auf. Markiere **ie**.

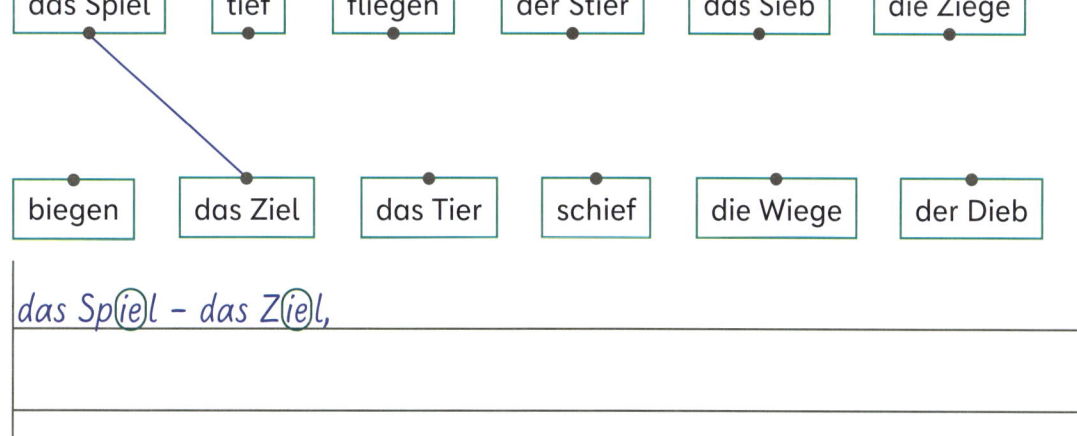

| das Spiel | tief | fliegen | der Stier | das Sieb | die Ziege |

| biegen | das Ziel | das Tier | schief | die Wiege | der Dieb |

das Sp(ie)l – das Z(ie)l,

Wörter mit Sp/sp, Wörter mit St/st

Im Garten

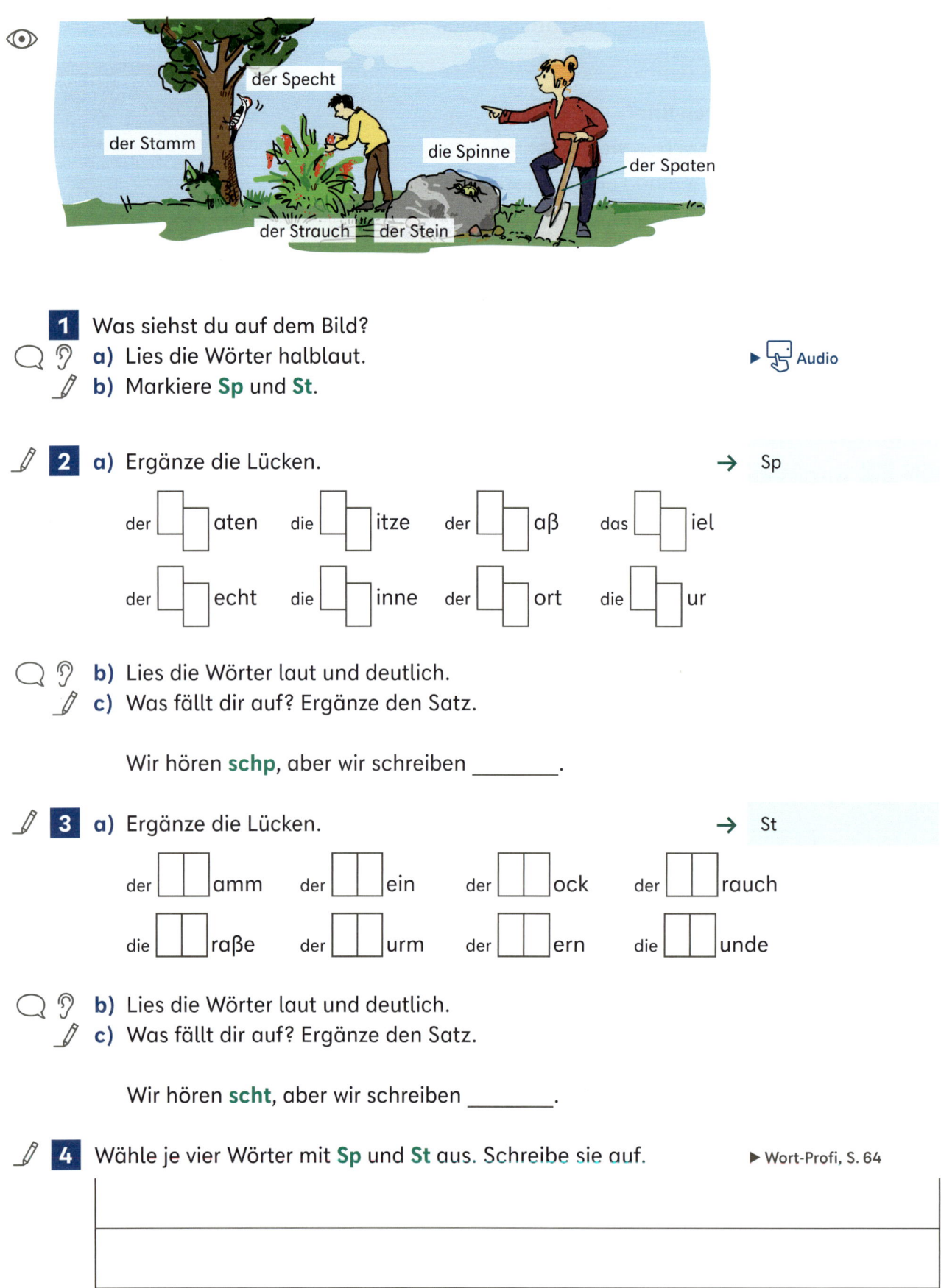

der Specht

der Stamm

die Spinne

der Spaten

der Strauch   der Stein

1 Was siehst du auf dem Bild?
a) Lies die Wörter halblaut.
b) Markiere **Sp** und **St**.

▶ Audio

2 a) Ergänze die Lücken. → **Sp**

der ☐aten   die ☐itze   der ☐aß   das ☐iel

der ☐echt   die ☐inne   der ☐ort   die ☐ur

b) Lies die Wörter laut und deutlich.
c) Was fällt dir auf? Ergänze den Satz.

Wir hören **schp**, aber wir schreiben _____ .

3 a) Ergänze die Lücken. → **St**

der ☐☐amm   der ☐☐ein   der ☐☐ock   der ☐☐rauch

die ☐☐raße   der ☐☐urm   der ☐☐ern   die ☐☐unde

b) Lies die Wörter laut und deutlich.
c) Was fällt dir auf? Ergänze den Satz.

Wir hören **scht**, aber wir schreiben _____ .

4 Wähle je vier Wörter mit **Sp** und **St** aus. Schreibe sie auf.

▶ Wort-Profi, S. 64

Wörter mit Sp/sp, Wörter mit St/st

Auch diese Wörter schreiben wir mit sp oder st.

5 a) Ordne die Wörter vom Rand. Schreibe sie in die Tabelle.
b) Markiere **sp** und **st**.

→ stolpern
spielen
stürzen
staunen
springen
spazieren

▶  Quiz

sp	st
wir _____	*wir* _____
wir _____	*wir* _____
wir _____	*wir* _____

☆ **Die Kinder spielen draußen.**

6 Was tun die Kinder?
a) Bilde vier Sätze. Schreibe sie auf.
b) Markiere alle **Sp/sp** und **St/st**.

Die Kinder	spazieren rennen	zum Stadtpark. zum Spielplatz.
Steffi und Elena	sehen beobachten	eine Spinne. einen Specht.
Kim und Lukas	stolpern springen	über die Wurzeln. über den Stamm.
Steffi und Kim	finden werfen	kleine Steine. lange Stöcke.

_____

_____

_____

_____

Großschreibung
Den Satzanfang großschreiben

📖 **Die Stadt-Rallye***

1 (Heute) ist ein sonniger und warmer Tag⊙

2 Die Klasse 6b macht eine Stadt-Rallye.

3 Alle Kinder treffen sich am Schultor.

4 Dort warten sie auf ihren Lehrer.

* die Rallye (sprich: Rälli): ein Spiel an verschiedenen Orten

✏ **1** Markiere
— die Satzanfänge rot,
— die Punkte am Satzende blau.

▶  Audio

! Das erste Wort in einem Satz schreiben wir immer groß.
An das Ende von einem Satz setzen wir oft einen Punkt.

Hier sind die Satzanfänge kleingeschrieben.

Die

📖 1 ~~die~~ Klasse geht zusammen in die Stadt⊙

2 auch der Lehrer kommt mit.

3 alle Kinder sind gespannt auf die Rallye.

Achtung
Fehler

✏ **2** a) Streiche in jedem Satz das erste Wort durch.
b) Schreibe das Wort groß darüber.
c) Markiere den Punkt am Satzende blau.

▶  Audio

✏ **3** Schreibe die Sätze richtig auf.

✏ **4** Überprüfe: Hast du die Satzanfänge großgeschrieben?
Hast du die Punkte am Satzende gesetzt?

Den Satzanfang großschreiben

Hier sind die Satzanfänge kleingeschrieben.
Es fehlen auch die Punkte am Satzende.

Die
1 ~~die~~ Klasse geht in den Park⊙

2 am Brunnen beginnt die Rallye

3 die Kinder bilden drei Gruppen der Lehrer verteilt

4 die Aufgaben und die Stifte sofort lesen die Kinder

5 die Aufgaben dann geht es endlich los

5 **a)** Streiche in jedem Satz das erste Wort durch.
    b) Schreibe das Wort groß darüber.
    c) Setze den Punkt am Satzende.
    d) Markiere den Punkt am Satzende blau.

▶ Audio

▶ Quiz

6 Wie viele Sätze hat der Text? Zähle.

Der Text hat _____ Sätze.

7 Schreibe die Sätze richtig auf.

8 Überprüfe: Hast du die Satzanfänge großgeschrieben?
Hast du die Punkte am Satzende gesetzt?

Die Stadt-Rallye beginnt. Die Gruppe 1 sucht das Kino.

1 Marek, Nora und Ben gehen die Straße entlang.

2 Sie finden das Kino. Ben liest die Aufgabe vor:

3 „Wie heißt der Film, der nachmittags läuft?"

4 Nora und Marek rufen: „Der Junge und das Yak."

 1 a) Im Text findest du sechs Nomen. Markiere sie mit ihren Artikeln.
b) Schreibe die Nomen mit ihren Artikeln in die Tabelle.
c) Markiere die Anfangsbuchstaben der Nomen.

der	das	die
_____	_____	die (S)traße _____
_____	_____	_____

> ● **Nomen (Namenwörter)** schreiben wir **immer groß.**
> Vor einem **Nomen** steht oft ein **Artikel (Begleiter):**
>
> **der Junge, das Kino, die Straße,**
> **ein Junge, ein Kino, eine Straße.**

Die Kinder suchen eine Bäckerei.

> Hier ist **ein** Buchladen, da ist **ein** Frisör, dort ist
> **ein** Kaufhaus, aber da hinten gibt es **eine** Bäckerei.

 2 a) Markiere die Nomen in der Sprechblase.
b) Schreibe die Nomen mit ihren Artikeln auf.

der Buchladen – ein Buchladen, _____

→ der – ein
das – ein
die – eine

▶ Quiz

Nomen und Artikel

Die Gruppe 2 erkundet den Marktplatz.

→ ~~der Platz~~ • die Bank • die Schilder • der Brunnen
die Brunnen • das Auto • das Schild • die Blume
~~die Plätze~~ • die Bänke • die Blumen • die Autos

✏ **1** Ordne die Nomen nach Einzahl und Mehrzahl.
Schreibe sie mit ihren Artikeln in die Tabelle.

▶ 🖐 Quiz

die Einzahl	die Mehrzahl
der Platz	*die Plätze*
_____	_____
_____	_____
_____	_____
_____	_____
_____	_____

Die Kinder sollen den Marktplatz zeichnen.
Von manchen Dingen zeichnen sie mehrere.

✏ **2** Ergänze die Nomen in der Einzahl oder Mehrzahl mit dem Artikel.

In der Mitte steht *der* _____ .

Kim zeichnet *die* _____ .

Lukas malt _____ .

Elif zeichnet _____ .

An der Straße parken _____ .

Artikel, Adjektiv und Nomen

Die Gruppe 3 ist im Trödelladen.

1 Die nette Verkäuferin begrüßt die Gruppe.
2 Die Kinder sollen die schönsten Dinge fotografieren.
3 Sie entdecken **einen riesigen Koffer** und **eine alte Puppe**.
4 Sie sehen auch **einen lustigen Hut** und **ein buntes Sofa**.

1 Was sehen die Kinder im Trödelladen? Schreibe auf.

einen riesigen Koffer,

Manchmal steht zwischen dem Artikel und dem Nomen ein Adjektiv. Der Artikel bezieht sich auf das Nomen.

2 a) Beschreibe, was die Kinder fotografieren. Schreibe Sätze.
   b) Zeichne einen Pfeil von dem Artikel zu dem Nomen.

Adrian Erik Sina Mandy Luan	fotografiert	einen	riesigen kleinen lustigen	Koffer. Hut. Teddy.
		ein	buntes langes glitzerndes	Sofa. Kleid. T-Shirt.
		eine	alte bunte schöne	Puppe. Jacke. Lampe.

Adrian fotografiert einen kleinen Teddy.

Einen Text abschreiben

📖 Die Rallye ist zu Ende

1 Die Gruppen | haben | die Aufgaben gelöst. |

2 Das Spiel | war | ein großer Erfolg. | ☁

3 Nun gehen | die Kinder | zurück in die Schule. |

4 Stolz | zeigen sie | die Zeichnungen | und die Fotos. | ▲

5 Der Lehrer hat | eine Überraschung | für alle. |

6 Jeder bekommt | ein kleines Eis. | ●

🖊 **1** Markiere im Text die Nomen mit ihren Artikeln.

🖊 **2** Schreibe den Text ab. Der Satz-Profi hilft dir.
Denke auch an die Überschrift.
Überlege dir vorher, was du schaffen kannst:
Ich schaffe es ohne Fehler bis zur ☁, zum ▲ oder zum ●.

▶ Satz-Profi,
Umschlag hinten

🖊 **3** Überprüfe deinen Text:
– Hast du die Satzanfänge großgeschrieben?
– Hast du die Punkte am Ende gesetzt?
– Hast du die Nomen großgeschrieben?

Das kann ich!
Laute und Buchstaben

Hier kannst du zeigen, was du gelernt hast.

▶ Lösungen, S. 6

📖 Der Wintertag

1 In der Pause ist heute viel los. Alle freuen sich über den Schnee.

2 Marek und Tom schlittern über das Eis.

3 Ben und Kati schreiben ihre Namen in den Schnee.

4 Ole und Nora bauen den größten Schneemann.

1 **a)** Markiere im Text alle Wörter mit **ei**, **au** und **eu**.

 Quiz

b) Schreibe die Wörter in die Tabelle.

ei	au	eu
_____	_____	_____
_____	_____	_____

2 **a)** Ergänze passende Wörter mit **G** und **K**.

b) Markiere alle **G/g** und **K/k**.

→ das Gesicht
der Garten
die Kleidung
die Kinder

Draußen jubeln die _____.

Es hat geschneit. Der _____ ist ganz weiß.

Alle tragen warme _____.

Ben hat vor Kälte ein rotes _____.

3 **a)** Ordne die Wörter. Schreibe sie auf.

b) Markiere alle **B/b** und **P/p**.

→ der Besen • das Paket • bringen • der Bus • planen • der Pulli

Wörter mit **B/b**: _____

Wörter mit **P/p**: _____

Nachdenkwörter

Hier kannst du zeigen, was du gelernt hast.

▶ Lösungen, S. 7

Das Sommerfest

1 Der Sommer ist da. Am Abend bleibt es länger hell.
2 Alex und Lena feiern ein Fest im Garten.
3 Sie stellen Tische unter die Bäume.
4 Sie pflücken Sträuße mit bunten Blumen.
5 Bald kommen die ersten Gäste.

1 **a)** Markiere im Text alle Wörter mit **ä** und **äu**.
b) Schreibe die Wörter auf.
c) Ergänze zu jedem Wort ein verwandtes Wort mit **a** oder **au**.

_____ → _____	→	der Strauß
		lang
die _____ → _____		der Gast
		der Baum
die _____ → _____		
die _____ → _____		

 2 **a)** Lies die Wörter mit **ie** halblaut. Wie viele Silben hörst du?
b) Schreibe die Wörter auf.
c) Male Silbenbögen. Markiere **ie**.

→   die Biene • schwierig • notieren • zufrieden • spielen • radieren

zwei Silben: _____

drei Silben: _____

 3 **a)** Schreibe die passenden Wörter mit **ie** zu den Bildern.   ▶ 👆 Quiz
b) Markiere **ie**.

 der _____    der _____    das _____

Nachdenkwörter, Merkwörter

Hier kannst du zeigen, was du gelernt hast.

▶ Lösungen, S. 7

1 **a)** Schreibe die passenden Wörter zu den Bildern.
b) Markiere **Sp** und **St**.

→ der Stein
die Spinne
der Stab
der Spiegel

▶ 👆 Quiz

📖 Am Strand

1 Rico und Nora spielen am Strand.

2 Rico springt über ein Handtuch.

3 Nora stolpert über einen Stock.

4 Die Kinder malen Spuren in den Sand.

2 **a)** Markiere im Text die Wörter mit **Sp/sp** und **St/st**.
b) Schreibe die Wörter auf. Markiere **Sp/sp** und **St/st**.
c) Ergänze je ein weiteres Wort mit **Sp/sp** und **St/st**.

Wörter mit **Sp/sp**: _____

Wörter mit **St/st**: _____

📖 Am Nachmittag

1 Kim und Elena spielen ein Spiel am Computer.

2 Beide Kinder wollen nicht verlieren.

3 Marek findet Comics cool.

4 Noch viel lieber beobachtet er die Vögel im Garten.

3 **a)** Markiere im Text die Wörter mit **C/c** und **V/v**.
b) Schreibe die Wörter auf. Markiere **C/c** und **V/v**.
c) Ergänze je ein weiteres Merkwort mit **C/c** und **V/v**.

Wörter mit **C/c**: _____

Wörter mit **V/v**: _____

Satzanfänge und Nomen großschreiben

Hier kannst du zeigen, was du gelernt hast.

▶ Lösungen, S. 7

1 In den Sätzen sind die Satzanfänge kleingeschrieben. ▶ 🖱 Quiz
Es fehlen auch die Punkte am Satzende.
   a) Streiche in jedem Satz das erste Wort durch.
   b) Schreibe das Wort groß darüber.
   c) Setze den Punkt am Satzende. Markiere ihn blau.

Heute

1 h̶e̶u̶t̶e̶ macht die Klasse 6b eine Rallye⊙ die Kinder

2 laufen durch die Stadt   auf dem Marktplatz lösen sie

3 die erste Aufgabe   dort zeichnen sie das Schild und die Bänke

Achtung
Fehler

2 Schreibe die Sätze von Aufgabe 1 richtig auf.

3 Schreibe die Nomen mit ihren Artikeln zu den Bildern.

4 Finde in den Sätzen von Aufgabe 1 mindestens vier Nomen.
Schreibe sie mit ihren Artikeln auf.

Wortart Nomen
Nomen unterscheiden

Die Kinder arbeiten im Schulgarten.

1 **Der Vormittag** ist sonnig.

2 Es gibt viel zu tun. Elif füllt die Gießkanne.

3 Paul holt die Schubkarre und legt eine Pflanze hinein.

4 Lena fragt: „Wo ist ein Spaten? Ich muss hier umgraben."

5 Die Arbeit macht durstig. Da bringt der Lehrer

6 etwas zu trinken. Die Begeisterung ist groß.

1 Im Text stehen acht Nomen.
Markiere die Nomen mit ihren Artikeln.

> **!**
>
> **Nomen** benennen **Lebewesen** und **Gegenstände**:
>
> **das Kind, eine Blume, ein Spaten**.
>
> Manche Nomen benennen auch etwas, das wir uns **denken**:
>
> **das Glück, die Arbeit, ein Nachmittag**.

2 Ordne die Nomen aus dem Text.
Schreibe sie mit ihren Artikeln in die Tabelle.

 Quiz

Lebewesen, Gegenstände	etwas, das wir uns denken
die Gießkanne	*der Vormittag*

Nomen unterscheiden

Manche Nomen benennen etwas, das wir uns denken.
Dies können zum Beispiel Zeitangaben oder Gefühle sein:
der Morgen, die Freude.

📖 Im Garten ist es nie langweilig

1 Wenn der Frühling kommt, blühen die ersten Blumen.

2 Wir setzen die neuen Pflanzen in die Erde.

3 Der Sommer ist oft heiß.

4 Aber der Morgen ist meist noch kühl.

5 Dann gießen wir unsere Pflanzen.

6 Wir gehen oft in den Garten.

7 Die Aufregung ist groß, denn die Erdbeeren sind reif.

8 Alle Pflanzen sind kräftig gewachsen. Die Freude ist riesig.

9 Aber die Schnecken haben unseren Salat gefressen.

10 So ein Ärger!

✏️ **3** Welche Nomen benennen etwas, das wir uns denken?
   a) Markiere sechs Nomen im Text.
   b) Schreibe die Nomen auf die passende Linien.

Zeitangaben: *der Frühling,*

Gefühle:

✏️ **4** Ordne auch diese Nomen.
Schreibe sie oben auf die passenden Linien.

→ der Abend • der Spaß • die Wut • der Herbst • der Mut •
   die Angst • die Stunde • die Nacht • die Vorfreude •
   der Winter • die Woche • der Tag • das Glück • die Liebe

Zusammengesetzte Nomen

Adrian ist gern im Schulgarten.

Mir gefällt die neue Gartenbank.
Aber der Gartenzaun ist kaputt.

1 Was gefällt Adrian? Markiere in der Sprechblase.

Nomen können wir zusammensetzen.
Zusammengesetzte Nomen haben immer den Artikel vom zweiten Nomen.

2 Setze die drei Nomen zusammen. Schreibe sie mit dem Artikel auf.

die Schere

der Garten ⟨ **das** Tor

der Schlauch

der Garten + (die) *Schere →* (die)

📖 Die Gartenarbeit

1 Adrian und Kim sammeln Steine.
2 Daraus bauen sie ein Steinbeet.
3 Paul und Erik hängen das Insektenhotel auf.
4 Mia und Nora gießen das Gemüsebeet.
5 Die Gartenarbeit macht den Kindern Spaß.

3 **a)** Finde im Text vier zusammengesetzte Nomen.
Markiere sie mit ihren Artikeln. ▶ 🖱 Quiz

b) Schreibe die zusammengesetzten Nomen so auf:

der Stein + (das) *Beet →* (das)

Zusammengesetzte Nomen

Auch Mia ist gern im Schulgarten.

Mir gefällt die Arbeitsgruppe im Garten.
Dort brauche ich das Arbeitsheft nicht.
Außerdem sind die Gesprächsregeln nicht so streng.
Auch die Mittagspause verbringen meine Freunde
und ich gern im Garten.

4 In der Sprechblase findest du vier zusammengesetzte Nomen.
Markiere sie.

**Bei einigen zusammengesetzten Nomen
steht ein s zwischen den beiden Nomen: das Liebling⟨s⟩fach.**

5 **a)** Schreibe die zusammengesetzten Nomen mit den Artikeln auf.
b) Markiere das **s**.

die Arbeit⟨s⟩gruppe,

6 **a)** Bilde zusammengesetzte Nomen. Denke an das **s**!   ▸  Quiz
b) Markiere das **s**.

die Geburt + **der** Tag =   *der Geburt⟨s⟩tag*

die Liebe + **der** Brief = _____

der Frühling + **das** Fest = _____

das Glück + **der** Klee = _____

die Arbeit + **der** Plan = _____

der Liebling + **die** Farbe = _____

☆ **7** Bilde weitere zusammengesetzte Nomen. Denke an das **s**!

der Liebling + _____

die Arbeit + _____

Wortart Pronomen
Possessivpronomen erkennen und verwenden

Luan und Elif räumen ihren Arbeitsplatz auf.

1   Luan: Hier ist **mein** Füller. Und das ist **dein** Füller.

2   Aber wo ist **mein** Buch?

3   Elif: Ich weiß nicht, wo **dein** Buch ist.

4   Vielleicht liegt es im Regal.

5   Luan: Nein, aber im Regal liegt eine Mappe.

6   Ist das **deine** Mappe?

7   Elif: Ja, das ist **meine** Mappe.

8   Ich habe sie schon überall gesucht.

1   Schreibe die Nomen mit den Possessivpronomen auf.

ich: *mein Füller,* _____

du: _____

→ ich → mein, meine
    du → dein, deine

> **!**
> **Possessivpronomen (besitzanzeigende Fürwörter)**
> sagen, **wem etwas gehört**:
>
> **mein Füller, deine Tasche, sein Buch, ihre Mappe.**

Luan und Inga suchen ihre Sachen.

2   Ergänze die passenden Possessivpronomen.

Luan: Frau Wolf, ich finde _____ Buch nicht.

Frau Wolf: Du brauchst _____ Buch zum Arbeiten.

                Wer hilft Luan? Er sucht _____ Buch.

Inga: Frau Wolf, ich finde _____ Schere nicht.

Frau Wolf: Du brauchst _____ Schere zum Basteln.

                Wer hilft Inga? Sie sucht _____ Schere.

→ ich → mein, meine
    du → dein, deine
    er → sein, seine
    sie → ihr, ihre

→ das Buch
    die Schere

▶ Quiz

Possessivpronomen erkennen und verwenden

Inga und Marek haben aufgeräumt.

1 Inga und Marek: Können wir gehen? Gleich kommt **unser** Bus.

2 Wir haben **unser** Plakat fertig.

3 Wir haben auch **unsere** Kiste ins Regal gestellt.

4 Herr Lange: Ihr habt recht, **euer** Bus kommt gleich.

5 Ihr könnt **euer** Plakat morgen aufhängen.

6 Danke, dass ihr **eure** Kiste aufgeräumt habt.

3 Schreibe die Nomen mit den Possessivpronomen auf.

wir: *unser Bus,*

→ wir → unser, unsere
ihr → euer, eure

ihr:

Die Kinder suchen einige Sachen in der Fundkiste.

4 Wem gehören die Gegenstände?
Ergänze die passenden Possessivpronomen.

→ ich → mein, meine
du → dein, deine
er → sein, seine
sie → ihr, ihre
wir → unser, unsere

Elif: Ich suche meine Sportsachen.

Marek: Guck mal, Elif! Hier sind deine Sportsachen.

Hier ist *dein*_____ Sportbeutel.

Und das ist doch _____ Sporthose.

→ das Buch
die Kette
der Sportbeutel
die Sporthose
das Kartenspiel

Elif: Ja, richtig. Das sind meine Sachen.

Guck mal, Marek! Dieses Buch gehört doch Luan.

▶ Quiz

Marek: Ja, das ist _____ Buch.

Und diese Kette gehört doch Inga.

Elif: Ja, das ist _____ Kette.

Aber wo ist unser Kartenspiel?

Marek: Wir haben leider kein Glück,

denn _____ Kartenspiel ist hier nicht.

Wortart Verben
Verben kennen und verwenden

 Der Schulhof soll schöner werden. Alle Kinder helfen mit.

sie _____   sie _____   sie _____

1 Was tun die Kinder auf dem Schulhof?
Schreibe die passenden Verben auf die Linien.

→ malen, bauen, fegen

> **!**
> Mit **Verben (Tuwörtern)** können wir sagen,
> was wir und andere **tun**:
>
> **ich rufe, er fegt, wir lachen.**

Eine Gruppe baut neue Bänke.

1 Ava und Paul <mark>tragen</mark> die Bretter auf den Schulhof.

2 Berat und Kim bohren Löcher in die Bretter.

3 Lisa holt die Farben. Paul streicht eine Bank gelb.

2 Markiere in jedem Satz das Verb.

▶  Quiz

3 Beantworte die Fragen. Schreibe zu jeder Frage einen Satz.

Was tun Ava und Paul? *Sie tragen* _____.

Was tun Berat und Kim? *Sie* _____.

Was tut Lisa? *Sie* _____.

Was tut Paul? *Er* _____.

Eine Gruppe malt ein großes Wandbild.

1 „Leute, ich <mark>male</mark> die Blumen", sagt Marek.

2 Sina ruft: „Super, du malst so schön."

3 Tom malt einen Vogel. Sina malt einen Schmetterling.

4 Emma und Lukas arbeiten zusammen.

5 Sie rufen: „Lasst uns noch Platz! Wir malen hier einen Baum."

6 Frau Traube ist begeistert: „Ihr malt wie die Profis!"

7 Die Kinder sind stolz. Sie malen fröhlich weiter.

4 a) Markiere im Text alle Formen von **malen**.

b) Schreibe die Formen von **malen** auf.

▶ Quiz

ich _____   wir _____

du _____   ihr _____

er/sie _____   sie _____

5 Was tun die Kinder noch?
Bilde vier Sätze. Schreibe sie auf.

Ich	**hole** **suche**	die Getränke. den dicken Pinsel.
Du	**holst** **suchst**	die Schrauben. den Besen.
Wir	**machen**	ein Gruppenfoto. eine Pause.
Ihr	**sitzt**	auf der neuen Bank. im Schatten.

Über Vergangenes erzählen

Larissa vom Radio kommt zu Besuch.
Die Kinder erzählen, was sie auf dem Schulhof gemacht haben.

Was **habt** ihr letzte Woche auf eurem Schulhof **gemacht**?

Wir **haben** viel **gearbeitet**.

1 Was erzählt Tom?
a) Lies die Sprechblase.
b) Markiere die Verben.

Wir **haben** ein riesiges Wandbild **gemalt**.
Wir haben zuerst die Leiter geholt.
Die Lehrerin hat uns dann Tipps gegeben.
Sina hat einen Schmetterling gemalt.

2 Was erzählt Ava?
Ergänze die passenden Verben vom Rand.

▶ Quiz

Wir **haben** neue Bänke *gebaut*_____.

→ gebaut
gelesen
getragen
gebohrt
gedreht
gemacht
gearbeitet

Zuerst **haben** wir die Bretter auf den Hof _____.

Dann **haben** wir die Anleitung genau _____.

Kim und Berat **haben** Löcher in das Holz _____.

Ich **habe** die Schrauben in die Löcher _____.

Wir **haben** hier eine ganze Woche _____.

Es **hat** viel Spaß _____.

Sina und Berat dürfen für das Radio einen kurzen Beitrag sprechen.
Sie haben eine Liste gemacht.

3 Entscheide, was Sina und Berat im Radio erzählen sollen.
Wähle vier weitere Tätigkeiten aus. Kreuze sie an.

Wir haben	☒ neue Bänke gebaut.
	☐ die Löcher in die Bretter gebohrt.
Die Kinder haben	☐ ein großes Wandbild gestaltet.
	☐ einen Baum und einen Schmetterling gemalt.
Eine Gruppe hat	☐ den Schulhof gefegt.
	☐ Müll gesammelt.
Unser Lehrer hat	☐ viele Tipps gegeben.
	☐ viele Fotos gemacht.

4 **a)** Bilde vollständige Sätze. Nutze deine Auswahl von Aufgabe 3.
Schreibe die Sätze in die Sprechblasen.
b) Markiere die Verben.

Hallo, ich heiße Berat. Wir haben neue Bänke gebaut.

Hallo, ich heiße Sina.

Wortart Adjektive
Mit Adjektiven beschreiben

Die Klasse 6b besucht ein Museum: das „Haus der Sinne".
Lena probiert dort eine Fühlkiste aus.

Der Gegenstand ist glatt.
Er ist hart und schwer.

1 Wie ist der Gegenstand, den Lena fühlt?
  a) Markiere drei Adjektive in der Sprechblase.
  b) Schreibe die Adjektive auf.

! Mit **Adjektiven (Wiewörtern)** können wir etwas
genauer **beschreiben**. Adjektive sagen, **wie** etwas ist:

rund, weich, klein.

2 Welchen Gegenstand hat Lena gefühlt? Kreuze an.

☐   ☐   ☐   ☐

3 In der Fühlkiste sind vier Gegenstände.
Beschreibe sie. Ergänze je zwei passende Adjektive.

Die Feder ist _____ und _____.

Der Igelball _____ und _____.

Die Gabel ist _____ und _____.

Der Stein ist _____ und _____.

→ weich, hart,
leicht, schwer,
lang, rund,
stachelig, spitz

▶ Quiz

Mit Adjektiven beschreiben

Die Kinder basteln ihre eigenen Fühlkisten.
Eine Mitarbeiterin im Museum zeigt ihnen, wie es geht.

4 Ergänze die passenden Adjektive. Wähle aus.

Ihr braucht einen _____ Pappkarton.
großen/kleinen

Zuerst schneidet ihr zwei _____ Löcher in eine Seite.
eckige/runde

Eure Hände sollen durch die Löcher passen.

Dann klebt ihr ein _____ Stück Stoff von innen vor beide Löcher.
dickes/dünnes

Zum Schluss legt ihr _____ Gegenstände in eure Fühlkiste.
große/kleine

5 Welche Gegenstände wählt Tom für seine Fühlkiste aus?

Tom nimmt Er nimmt	einen	**spitzen** **glatten**	**Bleistift.** **Stein.**
	ein	**weiches** **kleines**	**Stück Watte.** **Stück Wolle.**
	eine	**dünne** **lange**	**Kette.** **Schnur.**

a) Beschreibe vier Gegenstände mit einem Adjektiv. Schreibe Sätze.
b) Markiere die **Adjektive grün** und die **Nomen blau**.

Tom nimmt einen (spitzen) (Stein).

Er nimmt

Mit Adjektiven beschreiben und vergleichen

Fabio, Kim und Elif wollen Sonnenblumen pflanzen.
Sie haben drei Blumentöpfe mit Erde gefüllt.

> Topf ① ist **groß**.
> Topf ② ist **größer als** Topf ①.
> Topf ③ ist **am größten**.

1 Vergleiche die Blumentöpfe.
Schreibe die Adjektive aus der Sprechblase auf.

! Mit Adjektiven können wir
etwas miteinander **vergleichen**:

schön, schöner als, am schönsten.

---

2 Die Blumentöpfe sind unterschiedlich schwer.
Ergänze die Adjektive.

Topf ① ist _____.

Topf ② ist _____ Topf ① .

Topf ③ ist _____.

→ schwer, schwerer
als, am schwersten

3 Ergänze die fehlenden Adjektive. ▶ 🖳 Quiz

leicht – _____ – *am leichtesten*

_____ – *kleiner als* – _____

schmal – _____ – _____

_____ – _____ – *am breitesten*

_____ – *höher als* – _____

→ schmal, schmaler
als, am schmalsten
klein, kleiner als,
am kleinsten
breit, breiter als,
am breitesten
hoch, höher als,
am höchsten
leicht, leichter als,
am leichtesten

Mit Adjektiven beschreiben und vergleichen

Nach mehreren Wochen sind die Sonnenblumen gewachsen.

der Stängel ——
das Blatt ——

Sonnenblume ③ wächst **am besten**.

4 Vergleiche die Sonnenblumen.
Ergänze die passenden Adjektive.

Sonnenblume ② wächst _besser als_____   → besser als,
Sonnenblume ①.   am besten

Sonnenblume ③ wächst _am besten_____.

Sonnenblume ② ist _____ Sonnenblume ①.   → größer als,
                                                                                                   am größten
Sonnenblume ③ ist _____.

Sonnenblume ② hat _____ Blätter _als___   → mehr als,
Sonnenblume ①.   am meisten

Sonnenblume ③ hat _____ Blätter.

Der Stängel von Sonnenblume ② ist _____   → dicker als,
                                                                                                       am dicksten
der Stängel von Sonnenblume ①.

Der Stängel von Sonnenblume ③ ist _____.

5 Welche Sonnenblume gefällt dir am besten?
Schreibe zwei Sätze auf.

Sätze
Satzglieder erkennen

Im Tierpark gibt es viel zu sehen.

1 Die Ziege (springt) über die Wiese.

2 Die Ente (fliegt) über den Teich.

3 Der Esel (steht) am Zaun.

4 Der Bär (brummt) im Schlaf.

1 **Wer** ist im Tierpark zu sehen?
   a) Schreibe die Fragen und die Antworten auf.
   b) Markiere Wer. Markiere auch die Antwort wie im Beispiel.

die Fragen:	→ die Antworten:
Wer springt über die Wiese?	→ *Die Ziege springt über die Wiese.*
Wer _____ ?	→ _____ *fliegt über den Teich.*
_____	→ _____
_____	→ _____

2 **Was tun** die Tiere?
   a) Schreibe die Fragen und die Antworten auf.
   b) Markiere (Was tut). Markiere auch die Antwort wie im Beispiel.

(Was tut) die Ziege?	→ Die Ziege (springt) über die Wiese.
(Was tut) _____ ?	→ Die Ente _____ über den Teich.
_____	→ _____
_____	→ _____

Ein Satz besteht aus verschiedenen Bausteinen.
Diese Bausteine heißen **Satzglieder**.
Wir können nach den Satzgliedern fragen: Wer? (Was tut)?

Satzglieder erkennen

Auch diese Tiere leben im Tierpark.

der Otter   das Erdmännchen   das Lama   der Wolf   das Pferd

3 Was tun die Tiere?
Sieh dir die Bilder an.

4 **a)** Bilde mit den Satzgliedern fünf Sätze, die zu den Bildern passen.
Schreibe die Sätze auf.
b) Markiere die Satzglieder wie im Beispiel.

1	~~Der Otter~~	steht	auf dem Hügel .
2	Das Erdmännchen	beobachtet	die Äpfel .
3	Das Lama	~~taucht~~	die Besucher .
4	Der Wolf	frisst	über den Zaun .
5	Das Pferd	spuckt	~~im Becken~~ .

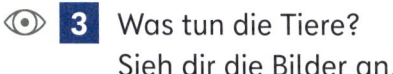

Der Otter (taucht) im Becken.

Satzglieder umstellen

Wir können in einem Satz die Satzglieder umstellen.

1 Die Affen (springen) von Baum zu Baum.
2 Von Baum zu Baum (springen) die Affen.

> Den Satzanfang schreiben wir groß. Am Ende vom Satz setzen wir einen Punkt.

1 a) Schreibe die Sätze ab.
b) Markiere die Satzglieder.

> Wörter, die beim Umstellen zusammenbleiben, bilden ein Satzglied.
> Ein Satzglied kann auch nur aus einem Wort bestehen.

Im Affenhaus ist viel los

1 Die kleinen Affen (toben) durch das Affenhaus.
2 Die großen Affen   fressen   Bananen und Möhren.
3 Die Kinder   lachen   über die kleinen Affen.
4 Die Besucher   klatschen   vor Freude.
5 Zwei Tierpfleger   reinigen   das Affenhaus.

2 Was tun die Affen? Was tun die Menschen?
a) Lies die Sätze.
b) Markiere die Satzglieder.

3 a) Stelle die Satzglieder um. Schreibe die Sätze neu auf.   ▶ 🖱 Quiz
b) Markiere die Satzglieder.

Durch das Affenhaus (toben) die kleinen Affen.

Bananen und Möhren

Satzglieder umstellen

Du kannst mit den Satzgliedern eigene Sätze bilden.

die Kinder ⬭ stehen ⬭ klettern ⬭ trinken

| in der Sonne |
| im Schatten |
| auf den Felsen |
| auf die Mauer |
| kühles Wasser |
| frischen Eistee |

die Ziegen

die Erdmännchen

4 Was tun die Kinder? Was tun die Ziegen? Was tun die Erdmännchen?
   a) Bilde mit den Satzgliedern mindestens drei Sätze.
   Wähle passende Satzglieder aus. Es gibt mehrere Möglichkeiten.
   b) Schreibe die Sätze auf.

5 Überprüfe: Hast du die Satzanfänge großgeschrieben?
Hast du die Punkte am Satzende gesetzt?

☆ **6** Stelle die Satzglieder in deinen Sätzen von Aufgabe 4 um.
Schreibe die Sätze neu auf.

Hier kannst du zeigen, was du gelernt hast.

▶ Lösungen, S. 11

1 Ordne die Nomen vom Rand.
Schreibe sie mit den Artikeln in die Tabelle.

→ der Gärtner
der Vormittag
die Aufregung
die Schnecke
die Wärme
der Spaten
die Kirsche
der Frühling

▶ Quiz

Lebewesen, Gegenstände	etwas, das wir uns denken
_____	_____
_____	_____
_____	_____
_____	_____

2 **a)** Bilde mindestens drei zusammengesetzte Nomen.
b) Schreibe die zusammengesetzten Nomen mit den Artikeln auf.

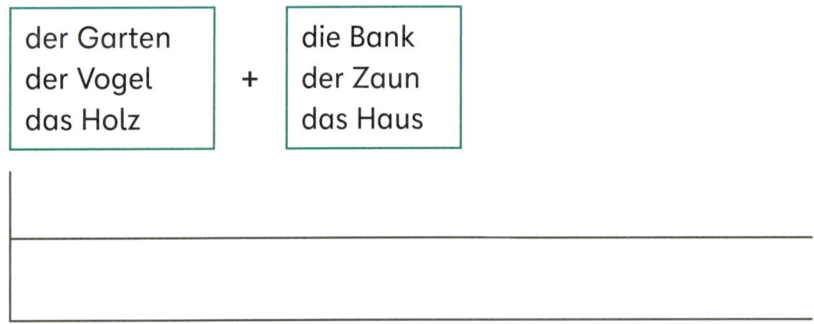

der Garten
der Vogel
das Holz

+

die Bank
der Zaun
das Haus

3 **a)** Bilde mindestens drei zusammengesetzte Nomen. Denke an das **s**!
b) Schreibe die zusammengesetzten Nomen mit den Artikeln auf.

der Liebling
die Arbeit
der Frühling

+ **s** +

das Lied
der Tag
das Buch

Verben kennen und verwenden

Hier kannst du zeigen, was du gelernt hast.

▶ Lösungen, S. 11

 1 Was tun die Kinder?
Markiere die Verben.

  1 Tom und Ava fegen den Schulhof.

2 Marek sucht unter den Büschen nach Müll.

3 Berat ruft: „Ich hole die Müllsäcke.

4 Ole, hilfst du mir?"

 2 Bilde vier Sätze. Schreibe die Sätze auf.

Ich	fege	die Treppe.
		den Weg.
Du	fegst	vor der Sporthalle.
Wir	putzen	die Bänke.
		die Tische.
Ihr	putzt	die Tischtennisplatte.

 3 Was haben die Kinder gestern gemacht?
Ergänze die passenden Verben vom Rand.

Ich habe den Besen vom Hausmeister _____. → gesammelt
                                                        geholt
Du hast den Schulhof _____.   gefegt
                                                        geputzt
Berat hat die Müllsäcke zur Mülltonne _____.   getragen

Mara und Ole haben die Bänke _____.   ▶ Quiz

Wir haben alte Flaschen _____.

Mit Adjektiven beschreiben und vergleichen

Hier kannst du zeigen, was du gelernt hast.

► Lösungen, S. 11–12

1 Beschreibe die Gegenstände. Ergänze passende Adjektive. → lang, rund, eckig, weich, hart, schwer

Das Haargummi ist _____ und _____.

Das Lineal ist _____ und _____.

Der Hammer ist _____ und _____.

2 Ergänze die Adjektive. ► Quiz

_____ – *leichter als* _____ – *am leichtesten* _____

klein _____ – _____ – _____

_____ – _____ – *am längsten* _____

_____ – *höher als* _____ – _____

3 Vergleiche die Kisten.
Bilde drei Sätze. Schreibe sie auf.

		leicht. schwer.	
Die Fühlkiste Die Bücherkiste Die Werkzeugkiste	ist	schwerer als größer als	die Fühlkiste. die Bücherkiste. die Werkzeugkiste.
		am schwersten. am größten.	

Satzglieder erkennen und umstellen

Hier kannst du zeigen, was du gelernt hast.

▶ Lösungen, S. 12

📖 **Im Tierpark**

1 Die Ente (fliegt) zum Teich.
2 Der Otter (taucht) im Becken.

1 Wer ist im Tierpark zu sehen?
   a) Schreibe die Fragen und die Antworten auf.
   b) Markiere Wer. Markiere auch die Antwort.

Wer fliegt zum Teich? → _____

_____ → _____

2 Was tun die Tiere?
   a) Schreibe die Fragen und die Antworten auf.
   b) Markiere (Was tut). Markiere auch die Antwort.

_____ → _____

_____ → _____

📖 1 Der Löwe (liegt) auf dem Felsen.
   2 Die Löwin (schläft) neben dem Felsen.
   3 Über dem Felsen (fliegt) der Adler.

3 **a)** Stelle die Satzglieder um. Schreibe die Sätze neu auf.   ▶ 🖱 Quiz
   b) Markiere die Satzglieder.

_____

_____

_____

_____

4 Überprüfe: Hast du die Satzanfänge großgeschrieben?
   Hast du die Punkte am Satzende gesetzt?

Das Alphabet
Das Alphabet wiederholen und üben

**Emma und Berat wollen ein Spiel spielen.
Dafür üben sie das Alphabet (Abc).**

1 **a)** Lies das Alphabet (Abc) halblaut.

▶ Audio

b) Schreibe die Kleinbuchstaben unter die Großbuchstaben.

▶ Quiz

A	B	C	D	E	F	G	H
a							

I	J	K	L	M	N	O	P	Q
i								

R	S	T	U	V	W	X	Y	Z
r								

**Emma hat Verben gesammelt.
Sie ordnet die Wörter nach dem Alphabet (Abc).**

2 **a)** Markiere in jedem Wort den ersten Buchstaben.

b) Schreibe die Wörter nach dem Alphabet geordnet auf.
Denke daran: Verben schreiben wir klein.

lesen   (a)nschauen   kaufen   merken   reisen
fragen   besuchen   sehen   helfen   denken

anschauen

besuchen

Das Alphabet wiederholen und üben

Berat holt eine Karte von Deutschland.

3 Welche Städte findest du auf der Karte?
Schreibe die Städte nach dem Alphabet geordnet auf.

 Quiz

Aachen _____

_____

_____

_____

_____

_____

Emma und Berat spielen nun das Spiel zum Alphabet.

4 **a)** Suche Wörter mit demselben Buchstaben am Anfang:
eine Stadt, einen Gegenstand und ein Verb.

▶ Wörterliste, S. 60–62

   b) Schreibe die Wörter in die Tabelle.
   c) Wähle zwei weitere Buchstaben. Ergänze die Tabelle.

der Buchstabe	eine Stadt	ein Gegenstand	ein Verb (Tuwort)
A / a	Aachen	der Aufkleber	anschauen
D / d	_____	_____	_____
S / s	_____	_____	_____
_____	_____	_____	_____
_____	_____	_____	_____

Tipp: Du kannst das Spiel auch mit einer Partnerin oder einem Partner spielen.

Wörter ordnen

**Die Klasse 6 möchte eine Kartei mit Rezepten anlegen.
Manche Wörter haben denselben Buchstaben am Anfang.**

📖 die **Br**atwurst   die **Ba**nanenmilch
die **Bo**hnen   die **Bu**chstabensuppe

1 **a)** Schreibe die Wörter nach dem Alphabet geordnet auf.
b) Markiere den ersten und den zweiten Buchstaben.

Die Kinder wollen auch diese Rezepte in der Kartei ordnen.

📖 der Kartoffelsalat   das Meloneneis   die Spaghetti
das Sandwich   der Schokokuchen   die Köfte
die Klöße   der Milchreis   die Maultaschen

die Maultaschen

2 Schreibe die Wörter nach dem Alphabet geordnet auf.

▶ 👆 Quiz

Wörter nachschlagen

Marek ist in der Koch-AG. Er beschriftet die Schränke in der Schulküche.

1 **a)** Finde die Nomen in der Wörterliste.　　　　　　　▶ Wörterliste, S. 60–62
　　b) Schreibe die Nomen in der Einzahl mit dem Artikel auf.
　　c) Schreibe die Seite und die Spalte dahinter.

_____ (Seite _60_, Spalte _2_)

_____ (Seite ____, Spalte ____)

_____ (Seite ____, Spalte ____)

2 **a)** Finde auch diese Nomen in der Wörterliste.　　　　▶ Wörterliste, S. 60–62
　　b) Ergänze die Nomen in der Mehrzahl mit dem Artikel.
　　c) Schreibe die Seite und die Spalte dahinter.

die Pfanne – _____ (Seite ____, Spalte ____)

das Glas – _____ (Seite ____, Spalte ____)

das Backblech – _____ (Seite ____, Spalte ____)

☆ **Nora ist in der Werk-AG. Sie möchte die Werkzeuge richtig schreiben.**

3 **a)** Finde die Nomen in der Wörterliste.　　　　　　　▶ Wörterliste, S. 60–62
　　b) Schreibe die Nomen in der Einzahl und der Mehrzahl auf.
　　c) Schreibe die Seite und die Spalte dahinter.

_____ (Seite ____, Spalte ____)

_____ (Seite ____, Spalte ____)

_____ (Seite ____, Spalte ____)

Wörterliste

A

Aa, aa		Aachen (eine Stadt)	57
Ab, ab	der	Abend, die Abende	35
An, an	die	Angst, die Ängste	35
		anschauen (er schaut an)	56
Ap, ap	der	Apfel, die Äpfel	17, 49
Ar, ar	die	Arbeit, die Arbeiten	34, 37, 52
	der	Ärger	35
As, as	der	Ast, die Äste	17
Au, au	die	Aufgabe, die Aufgaben	25, 26, 29, 33
	die	Aufregung, die Aufregungen	35, 52
	das	Auto, die Autos	27, 33

B

Ba, ba	das	Backblech, die Backbleche	59
	der	Ball, die Bälle	12, 13
	die	Banane, die Bananen	6
	die	Bananenmilch	58
	die	Bank, die Bänke	27, 33, 40, 52
		bauen	30, 40
	der	Baum, die Bäume	15, 17, 31
Be, be	das	Beet, die Beete	36
	das	Bein, die Beine	6
		Berlin (eine Stadt)	57
	der	Besen, die Besen	30, 41
		besuchen	56
	das	Bett, die Betten	12, 13
Bi, bi	die	Biene, die Bienen	20, 31
Bl, bl	das	Blatt, die Blätter	12
		bleiben	6
	die	Blume, die Blumen	4, 27, 35
Bo, bo	die	Bohne, die Bohnen	58
		bohren	40, 42, 43
	der	Bohrer, die Bohrer	59
Br, br	die	Bratwurst, die Bratwürste	58
		brauchen	6, 45
		bremsen	6
	das	Brett, die Bretter	13, 40, 42, 43
	der	Brief, die Briefe	21, 31, 37
		bringen	30
	das	Brot, die Brote	6
	der	Brunnen, die Brunnen	25, 27, 33
Bu, bu	die	Buchstabensuppe, die Buchstabensuppen	58
	der	Bus, die Busse	6, 30
	die	Butter, die Butter	10, 11

C

Ca, ca	das	Café, die Cafés	18
	der	Campingplatz, die Campingplätze	18
Co, co	die	Cola, die Colas	18
	der	Comic, die Comics	18, 32
	der	Computer, die Computer	18, 32
		die Cornflakes	18

D

De, de		denken	56
Di, di	der	Dieb, die Diebe	14, 21, 31
Dr, dr		Dresden (eine Stadt)	57

E

Ei, ei	das	Eis, die Eis	29, 30
Er, er		erzählen	42, 43
Es, es		essen (er isst)	10, 11

F

Fa, fa	das	Fahrrad, die Fahrräder	17
Fe, fe	die	Feder, die Federn	44
		fegen	40, 43, 53
Fi, fi	der	Film, die Filme	26
Fl, fl		fliegen	21, 48, 55
Fr, fr		fragen	56
	die	Freude, die Freuden	35
		(sich) freuen	5, 30
	der	Freund, die Freunde	5
	der	Frühling, die Frühlinge	35, 37, 52

G

Ga, ga	die	Gabel, die Gabeln	44, 59
	der	Garten, die Gärten	8, 17, 30, 36
	der	Gast, die Gäste	8, 31
Ge, ge	der	Geburtstag, die Geburtstage	8
		gehen	8
	das	Geräusch, die Geräusche	8
	das	Geschenk, die Geschenke	8
	das	Getränk, die Getränke	8
Gi, gi	die	Gitarre, die Gitarren	4
Gl, gl	das	Glas, die Gläser	59
	das	Glück	34, 35
Gr, gr	der	Griff, die Griffe	12
		grinsen	8
	die	Gruppe, die Gruppen	13, 25, 29
Gu, gu		gut, besser, am besten	6, 47

Wörterliste

H

Ha, ha	Hamburg (eine Stadt)	57
	der **Hammer**, die Hämmer	54, 59
	das **Haus**, die Häuser	17, 52
He, he	helfen (er hilft)	53, 56
	der **Herbst**, die Herbste	35
Hu, ho	hoch, höher, am höchsten	46, 54
	hoffen	10
	holen	40–42, 53
	das **Hotel**, die Hotels	36

I

Ig, ig	der **Igelball**, die Igelbälle	44
In, in	das **Insekt**, die Insekten	36

J

Ja, ja	die **Jacke**, die Jacken	28
Ju, ju	der **Junge**, die Jungen	26

K

Ka, ka	der **Kamm**, die Kämme	12, 13
	die **Kanne**, die Kannen	10, 11
	das **Kartenspiel**, die Kartenspiele	39
	die **Kartoffel**, die Kartoffeln	9, 10
	der **Kartoffelsalat**, die Kartoffelsalate	58
	kaufen	9, 56
Ke, ke	der **Keller**, die Keller	9
Ki, ki	kicken	9
	das **Kind**, die Kinder	24–29, 30
	das **Kino**, die Kinos	4, 26
	die **Kiste**, die Kisten	44, 54
Kl, kl	die **Klasse**, die Klassen	13, 24, 25, 33
	die **Kleidung**	30
	klettern	9, 51
	der **Kloß**, die Klöße	58
Ko, ko	der **Koffer**, die Koffer	28
	die **Köfte**, die Köfte	58
	der **Korb**, die Körbe	14, 15
Kr, kr	die **Kraft**, die Kräfte	9

L

Le, le	lesen (er liest)	56
Li, li	das **Lied**, die Lieder	20, 52
Lo, lo	der **Löffel**, die Löffel	10, 11, 59

M

Ma, ma	malen	40–43
	der **Mann**, die Männer	12
	die **Mauer**, die Mauern	5, 51
	die **Maultasche**, die Maultaschen	58
Me, me	das **Meloneneis**	58
	merken	56
	das **Messer**, die Messer	10, 11
Mi, mi	das **Mikrofon**, die Mikrofone	4, 43
	der **Milchreis**	58
Mu, mu	der **Müll**	12
	München (eine Stadt)	57

N

Na, na	der **Nachmittag**, die Nachmittage	34
	die **Nacht**, die Nächte	35
No, no	notieren	20, 31
Nu, nu	die **Nuss**, die Nüsse	12

O

Or, or	ordnen	56
	der **Ort**, die Orte	24

P

Pa, pa	das **Paket**, die Pakete	9, 30
	die **Pause**, die Pausen	7, 30
Pf, pf	die **Pfanne**, die Pfannen	10, 13, 59
Pi, pi	der **Pilot**, die Piloten	7
Pl, pl	der **Plan**, die Pläne	37
	planen	7, 30
	der **Platz**, die Plätze	27
Po, po	der **Pokal**, die Pokale	4
Pr, pr	probieren	7
	das **Problem**, die Probleme	7
	das **Programm**, die Programme	7
	prüfen	7
Pu, pu	der **Pulli**, die Pullis	30
	die **Puppe**, die Puppen	28

Q

Qu, qu	das **Quiz**, die Quiz	*zum Beispiel* 4–9

R

Ra, ra	radieren	20, 31
	die **Rallye**, die Rallyes	24, 25, 29, 33
Re, re	der **Regenbogen**, die Regenbogen	4
	reisen	56
Ro, ro	der **Roller**, die Roller	13

Wörterliste

S

Sa, sa	das	Sandwich, die Sandwiches	58
Sc, sc	die	Schere, die Scheren	36, 38
	das	Schiff, die Schiffe	12
	das	Schild, die Schilder	27, 33
	der	Schlauch, die Schläuche	36
	das	Schloss, die Schlösser	12
	der	Schokokuchen, die Schokokuchen	58
		schreiben	5, 30
	die	Schüssel, die Schüsseln	10
Se, se		sehen (er sieht)	56
So, so	der	Sommer, die Sommer	35
Sp, sp	die	Spaghetti, die Spaghetti	58
	der	Spaß, die Späße	22, 35
	der	Spaten, die Spaten	22, 34, 52
		spazieren	23
	der	Specht, die Spechte	22
	der	Spiegel, die Spiegel	32
	das	Spiel, die Spiele	21, 22
		spielen	23, 31
	die	Spinne, die Spinnen	22, 32
		springen	23, 32, 48, 50
	die	Spur, die Spuren	22, 32
St, st	der	Stab, die Stäbe	14, 15, 32
	die	Stadt, die Städte	24, 33, 57
	der	Stall, die Ställe	12
	der	Stamm, die Stämme	12, 22
		staunen	23
	der	Stein, die Steine	22, 23, 32, 36
		stellen	11, 13
	der	Stiefel, die Stiefel	20
	der	Stock, die Stöcke	22, 23, 32
		stolpern	23
	der	Strand, die Strände	32
	die	Straße, die Straßen	22, 26
	der	Strauch, die Sträucher	22
	der	Strauß, die Sträuße	31
	die	Stunde, die Stunden	22, 35
		Stuttgart (eine Stadt)	57
Su, su	die	Suppe, die Suppen	10, 11

T

Ta, ta	der	Tag, die Tage	24, 35, 37, 52
	die	Tasse, die Tassen	10
	die	Tastatur, die Tastaturen	4
Te, te	das	Telefon, die Telefone	4
	der	Teller, die Teller	10, 11
Ti, ti	das	Tier, die Tiere	20, 21, 48–51
		tippen	10
To, to	der	Topf, die Töpfe	59
	das	Tor, die Tore	36
Tr, tr	der	Traum, die Träume	17
	die	Trompete, die Trompeten	4

U

Ub, ub	die	Überraschung, die Überraschungen	29

V

Va, va	der	Vater, die Väter	19
Ve, ve		vergessen (er vergisst)	8
		verlieren	32
		verstecken	19
Vi, vi		viel, mehr, am meisten	19, 21, 47
Vo, vo	der	Vogel, die Vögel	19, 32
	die	Vorfreude, die Vorfreuden	35
	der	Vormittag, die Vormittage	19, 34

W

Wa, wa	die	Waffel, die Waffeln	11
	der	Wald, die Wälder	14
	das	Wasser, die Wasser	11
We, we	der	Weg, die Wege	14
	das	Wetter, die Wetter	10
Wi, wi	die	Wiege, die Wiegen	21
	der	Winter, die Winter	35
Wo, wo		wollen (er will)	10

X

Xy	das	Xylofon, die Xylofone	57

Y

Ya	das	Yak, die Yaks	26

Z

Za, za	die	Zange, die Zangen	59
	der	Zaun, die Zäune	17, 48, 49, 52
Ze, ze		zeigen	5
	die	Zeit, die Zeiten	5
Zi, zi	die	Ziege, die Ziegen	21, 48, 51
	das	Ziel, die Ziele	21, 31
	das	Zimmer, die Zimmer	13
	die	Zitrone, die Zitronen	4
Zw, zw	der	Zwerg, die Zwerge	14, 15

Klick!
Deutsch

Arbeitsheft 6
Rechtschreiben und Grammatik

Illustrationen: Ulrike Selders, Köln

Impressum

Redaktion: Susanne El-Gindi, Berlin

Umschlaggestaltung: Anja Rosendahl, Berlin
Layout und technische Umsetzung: Klein & Halm, Berlin
Umschlagillustration: Nils Fliegner, Hamburg

www.cornelsen.de

Die enthaltenen Links verweisen auf digitale Inhalte, die der Verlag bei verlagsseitigen Angeboten
in eigener Verantwortung zur Verfügung stellt. Links auf Angebote Dritter wurden nach
den gleichen Qualitätskriterien wie die verlagsseitigen Angebote ausgewählt und
bei Erstellung des Lernmittels sorgfältig geprüft.
Für spätere Änderungen der verknüpften Inhalte kann keine Verantwortung übernommen werden.

1. Auflage, 1. Druck 2025

Alle Drucke dieser Auflage sind inhaltlich unverändert und können im Unterricht nebeneinander
verwendet werden.

© 2025 Cornelsen Verlag GmbH, Mecklenburgische Str. 53, 14197 Berlin, E-Mail: service@cornelsen.de

Druck: Athesiadruck GmbH, Bozen

ISBN 978-3-06-062186-6

PEFC-zertifiziert
Dieses Produkt
stammt aus
nachhaltig
bewirtschafteten
Wäldern und
kontrollierten Quellen

PEFC/18-31-166   www.pefc.de

Abschreiben mit dem Wort-Profi
So schreibe ich Mitsprechwörter ab:

▶ Mitsprechwörter,
S. 10–13

Mitsprechwörter abschreiben

1   Ich lese das Wort.

2   Ich spreche das Wort Silbe für Silbe.

3   **Ich höre** 👂, wie ich das Wort schreiben muss.

4   Ich decke **das Mitsprechwort** ab.

5   Ich spreche das Wort Silbe für Silbe und schreibe dabei.

6   Ich spreche das Wort und
male **einen Bogen unter jede Silbe**:
die Zitrone.

7   Ich vergleiche.

8   Ich verbessere.

Abschreiben mit dem Wort-Profi
So schreibe ich Nachdenkwörter ab:

▶ Nachdenkwörter,
S. 12–17, 20–23, 31–32

Nachdenkwörter abschreiben

1   Ich lese das Wort.

2   Ich spreche das Wort Silbe für Silbe.

3   **Ich denke nach** 💭 und **erkläre**, wie ich das Wort
schreiben muss.
    – Ich verlängere das Wort.
    – Ich suche ein verwandtes Wort.

4   Ich decke **das Nachdenkwort** zu.

5   Ich spreche das Wort Silbe für Silbe und schreibe dabei.

6   Ich schreibe in Klammern die **Erklärung**:
das Kind (→ die Kinder), die Gräser (→ das Gras).

7   Ich vergleiche.

8   Ich verbessere.

Klick!

Deutsch

Arbeitsheft 6
Rechtschreiben und Grammatik

Lösungen

Laute und Buchstaben

Seite 4

1 das T(e)l(e)f(o)n, k(a)p(u)tt, die Bl(u)m(e),
die Tr(o)mp(e)t(e), der P(o)k(a)l, die Z(i)tr(o)n(e)

2 b)

die Tast*a*tur	S*u*per!
das K*i*no	die G*i*tarre
der Regenb*o*gen	das M*i*krofon

Seite 5

1 a)

Komm doch heute in den Park! Wir treffen
uns an der Mauer. Unser Freund Tarik ist
auch dort. Du kannst ihm dein kaputtes
Handy zeigen.

1 b) und c)

ei	au	eu
d(ei)n	die M(au)er	h(eu)te
z(ei)gen	(au)ch	der Fr(eu)nd

2 a)

Das Handy

Die Freunde sind im Park. Kati zeigt ihr
Handy. Tarik prüft es. Er löscht eine App.
Kati startet das Handy neu. Nach kurzer
Zeit sagt Tarik: „Jetzt kannst du alles
richtig schreiben." Kati und Max freuen
sich.

2 b) und c)
*die Fr(eu)nde, z(ei)gt, (ei)ne, n(eu), die Z(ei)t,
schr(ei)ben, sich fr(eu)en*

Seite 6

1 b)
die(B)anane, das(B)rot,(b)remsen, das
(B)ein,(b)rauchen, der(B)us,(b)lei(b)en,
(b)esser

2 Wörter mit **B**: *die Banane, das Brot,
das Bein, der Bus*
Wörter mit **b**: *bremsen, brauchen, bleiben,
besser*

3 *Zum Beispiel:*
Wörter mit **B**: *der Ball, das Beet, die Biene*
Wörter mit **b**: *bauen, besuchen, bald*

4 b)
Max steht im Bus und träumt. Plötzlich
bremst der Bus. Max fällt hin. Die Fahrerin
ruft: „Hey, brauchst du Hilfe?" Max sagt:
„Nein, danke. Mein Bein tut nur ein
bisschen weh."
Die Fahrerin ruft: „Gut. Aber halte dich
nächstes Mal besser fest!"

Seite 7

1 b)
die(P)ause, der(P)ilot,(p)lanen,
das(P)rogramm,(p)rüfen, das(P)roblem,
ka(p)utt,(p)robieren

2 b)
Im Raumschiff
Das Raumschiff kann nicht starten.
Die Astronauten suchen das Problem.
Sie prüfen die Technik. Vielleicht ist
die Steuerung kaputt. Sie starten die
Programme neu. Doch nichts passiert.
Die Astronautin sagt: „Wir machen erst
mal eine Pause."

Lösungen

2 c)
Wörter mit P: *das Problem, die Programme, eine Pause*
Wörter mit p: *prüfen, kaputt, passiert*

3 *Zum Beispiel:*
Wörter mit P: *der Pilot, das Plakat, die Puppe*
Wörter mit p: *planen, putzen, packen*

Seite 8

1 b)
der Ⓖarten, Ⓖehen, die Ⓖetränke, verⓖessen, Ⓖrinsen, das Ⓖeschenk, die Ⓖäste, das Ⓖeräusch

2 b)
Toms Geburtstag
Tom wartet auf seine Gäste. Er geht zur Haustür. Aber dort ist niemand. Haben ihn alle vergessen? Tom hört ein Geräusch im Garten. Dort stehen seine Freunde und grinsen.

2 c)
Wörter mit G: *der Geburtstag, die Gäste, das Geräusch, der Garten*
Wörter mit g: *geht, vergessen, grinsen, der Geburtstag*

2 d)
Zum Beispiel:
Wörter mit G: *die Gabel, das Gemüse, das Gras*
Wörter mit g: *grillen, gießen, gut*

3 Die Freunde geben Tom ein großes Geschenk.
Der Vater bringt Kuchen und kalte Getränke.
Tom ist *glücklich*.

Seite 9

1 b)
die Ⓚartoffeln, Ⓚaufen, die Ⓚraft, starⓀ, Ⓚlettern, der Ⓚeller, ⓀicⓀen, das PaⓀet

2 b)
Echt stark
Paula wünscht sich mehr *Kraft*.
Mama sagt: „Räum doch den *Keller* auf."
Opa meint: „Iss Kohl und *Kartoffeln*."
Paulas Bruder sagt: „Kraft bekommst du beim Sport! Du musst werfen und *klettern* und *kicken*."

3 *Zum Beispiel:*
Wörter mit K: *das Kind, die Katze, der Kamm, das Kino*
Wörter mit k: *kaufen, küssen, kochen, kalt*

Mitsprechwörter – Nachdenkwörter

Seite 10

1 a) und c)
das Messer die Suppe
der Teller der Löffel
die Butter die Kanne

2 b)
wir griⓁⓁen, wir eⓈⓈen, wir füⓉⓉern, wir hoⒻⒻen, wir reⓃⓃen, wir tiⓅⓅen, wir woⓁⓁen, wir gewiⓃⓃen, die TaⓈⓈe, die PfaⓃⓃe, der LaⓅⓅen, das WeⓉⓉer, die KartoⒻⒻel, die SchüⓈⓈel, das BuⓉⓉerbrot, die EiswaⒻⒻel

3 *wir grillen, wir essen, wir füttern, wir hoffen, wir rennen, wir tippen, wir wollen, wir gewinnen, die Tasse, die Pfanne, der Lappen, das Wetter, die Kartoffel, die Schüssel, das Butterbrot, die Eiswaffel*

4 In der Mensa

Ava und Erik holen die Teller aus dem Schrank. Fabio und Ben stellen auf jeden Tisch eine Kanne Wasser. Lea bringt die Löffel und die Messer. Heute gibt es eine heiße Suppe und Brot. Ava sagt: „Ich nehme nur ein Brot mit Butter." Zum Nachtisch essen die Kinder Waffeln.

5 und 6

Wörter mit **ff**: *die Löffel, die Waffeln, wir hoffen, die Kartoffel, die Eiswaffel*
Wörter mit **ll**: *die Teller, sie stellen, wir grillen, wir wollen*
Wörter mit **nn**: *die Kanne, wir rennen, wir gewinnen, die Pfanne*
Wörter mit **pp**: *die Suppe, wir tippen, der Lappen*
Wörter mit **ss**: *das Wasser, die Messer, sie essen, die Tasse, die Schüssel*
Wörter mit **tt**: *die Butter, wir füttern, das Wetter, das Butterbrot*

7

 der Müll   das Schiff

 das Bett   der Ball

 der Kamm   das Schloss

8 b) und c)

ff	ll	mm
der Griff	der Stall	der Stamm
die Griffe	die Ställe	die Stämme

nn	ss	tt
der Mann	die Nuss	das Blatt
die Männer	die Nüsse	die Blätter

9 Henri räumt auf

Henri legt | das Kissen | auf das Bett. |
Dann räumt er | den Ball | in die Kiste. |
Henri stellt | die Trommel | in die Ecke. |
Danach bringt er | den Kamm | ins Bad. |
Der Roller | soll nicht | im Zimmer stehen. |
Henri rollt ihn | schnell | in den Flur. |
Fertig!

11 *Zum Beispiel:*

der Schluss – *die Nuss,*
die Gruppe – *die Suppe*
der Knall – *der Ball,* die Pfanne – *die Kanne*
das Brett – *das Bett,* die Klasse – *die Tasse*

Nachdenkwörter

1

der Zwerg	→	*die Zwerge*
der Weg	→	*die Wege*
der Korb	→	*die Körbe*
der Wald	→	*die Wälder*
der Stab	→	*die Stäbe*
der Dieb	→	*die Diebe*

2

Es war einmal ein mutiger *Zwerg.* Er lebte mit den anderen Zwergen im *Wald.*
Eines Abends nahm der Zwerg seinen *Korb.* Er holte auch seinen magischen *Stab.*
Dann lief er den *Weg* entlang bis zum Dorf. Dort stand ein Birnbaum in einem Garten. Der Zwerg schlich zu dem Baum so leise wie ein *Dieb.*

3

riesig	→	der *riesige* Baum
saftig	→	das *saftige* Obst
gelb	→	die *gelbe* Birne
wütend	→	der *wütende* Nachbar
klug	→	die *kluge* Frau

Lösungen

4 Die Birnen hingen hoch oben, denn der Birnbaum war *riesig*. Aber der Zwerg war *klug*. Er tippte mit seinem magischen Stab an den Baum. Drei Birnen fielen herunter. Sie waren *gelb* und *saftig*. Da kam eine Frau aus dem Haus und lachte. Sie sagte: „Lieber Zwerg, ich bin nicht *wütend*. Nimm so viele Birnen, wie du tragen kannst!" Der Zwerg legte drei Birnen in seinen Korb und ging fort.

5 Er tippte mit seinem magischen Stab an den Baum. Drei Birnen fielen herunter.

Seite 16

1
> Mein Schal ist l(a)ng und w(a)rm.

> Mein Schal it l(ä)nger und bestimmt w(ä)rmer.

2 l(ä)nger → l(a)ng, (ä)lter → (a)lt, k(ä)lter → k(a)lt, w(ä)rmer → w(a)rm, st(ä)rker → st(a)rk, sch(ä)rfer → sch(a)rf, h(ä)rter → h(a)rt

3 Der Opa ist *älter* als der Vater.
Die Zwiebel ist *schärfer* als das Radieschen.
Der Stein ist *härter* als der Ball.

Seite 17

1 **Im Herbst**
Ava und Ben machen einen Ausflug.
Sie schnappen sich ihre Fahrräder.
Dann fahren sie zu den nahen Gärten.
Dort lehnen sie die Fahrräder an die Zäune.
Ava und Ben suchen die kleinsten Bäume.
Vorsichtig ziehen sie die Äste herunter.
Dann pflücken sie die reifen Äpfel.

2 ä → a
die Fahrr(ä)der – das Fahrr(a)d,
die G(ä)rten – der G(a)rten,
die (Ä)pfel – der (A)pfel,
die (Ä)ste – der (A)st

äu → au
die B(äu)me – der B(au)m,
die Tr(äu)me – der Tr(au)m,
die H(äu)ser – das H(au)s,
die Z(äu)ne – der Z(au)n

Merkwörter

Seite 18

1 b)
der (C)*omi*(c), *der* (C)*omputer, die* (C)*ornflakes, das* (C)*afé, die* (C)*ola, der* (C)*ampingplatz*

2 Auf dem Campingplatz gibt es ein *Café*.
Juri trinkt dort eine *Cola*.
Leila bestellt eine Schale *Cornflakes*.
Alex liest einen *Comic*.
Die Kellnerin schreibt am *Computer*.

3 *die* (C)*reme, der* (C)*lub,* (c)*ool, das* (C)*over, die* (C)*urrywurst,* (c)*lever*

Seite 19

1 b) und c)
der (V)*ogel,* (v)*iel,* (v)*errirt (sich), der* (V)*ogel,* (v)*ersteckt (sich),* (v)*orsichtig,* (v)*erärgert,* (v)*erschmutzt*

2 In der Stadt ist (v)*iel* (V)*erkehr.*
Am (V)*ormittag sind* (v)*iele Leute unterwegs.*
Der Bus kommt (v)*erspätet. Mein* (V)*ater ist deshalb* (v)*erärgert.*

Sprechen – hören – nachdenken – schreiben

Seite 20

1 b)
die B(ie)*nen, v*(ie)*le, die* T(ie)*re, not*(ie)*ren, schw*(ie)*rig, rad*(ie)*ren, zufr*(ie)*den*

2 s(ie)*ben, schw*(ie)*rig, das* F(ie)*ber, die* St(ie)*fel, die* B(ie)*ne, die* L(ie)*der*

Seite 21

3 b)
der Br(ie)f, h(ie)r, v(ie)l, das T(ie)r, der D(ie)b,
v(ie)r, l(ie)b

4 b)
das Sp(ie)l – das Z(ie)l, t(ie)f – sch(ie)f,
fl(ie)gen – b(ie)gen, der St(ie)r – das T(ie)r,
das S(ie)b – der D(ie)b, die Z(ie)ge – die W(ie)ge

Seite 22

2 a)
der [S][p]aten, die [S][p]itze, der [S][p]aß,
das [S][p]iel, der [S][p]echt, die [S][p]inne,
der [S][p]ort, die [S][p]ur

2 c) Wir hören **schp**, aber wir schreiben *sp*.

3 a)
der [S][t]amm, der [S][t]ein,
der [S][t]ock, der [S][t]rauch,
die [S][t]raße, der [S][t]urm,
der [S][t]ern, die [S][t]unde

3 c) Wir hören **scht**, aber wir schreiben *st*.

Seite 23

5

sp	st
wir (sp)ielen	wir (st)olpern
wir (sp)ringen	wir (st)ürzen
wir (sp)azieren	wir (st)aunen

6 *Zum Beispiel:*
Die Kinder (sp)azieren zum (St)adtpark.
(St)effi und Elena sehen eine (Sp)inne.
Kim und Lukas (st)olpern über die Wurzeln.
(St)effi und Kim werfen kleine (St)eine.

Großschreibung

Seite 24

1 **Die Stadt-Rallye**
(Heute) ist ein sonniger und warmer Tag.
(Die) Klasse 6b macht eine Stadt-Rallye.
(Alle) Kinder treffen sich am Schultor.
(Dort) warten sie auf ihren Lehrer.

2 Die
~~die~~ Klasse geht zusammen in die Stadt.
Auch
~~auch~~ der Lehrer kommt mit.
Alle
~~alle~~ Kinder sind gespannt auf die Rallye.

3 Die Klasse geht zusammen in die Stadt.
Auch der Lehrer kommt mit.
Alle Kinder sind gespannt auf die Rallye.

Seite 25

5 Die
~~die~~ Klasse geht in den Park.
Am
~~am~~ Brunnen beginnt die Rallye.
Die
~~die~~ Kinder bilden drei Gruppen.
Der
~~der~~ Lehrer verteilt die Aufgaben und die Stifte.
Sofort
~~sofort~~ lesen die Kinder die Aufgaben.
Dann
~~dann~~ geht es endlich los.

6 Der Text hat 6 Sätze.

7 Die Klasse geht in den Park. Am Brunnen beginnt die Rallye. Die Kinder bilden drei Gruppen. Der Lehrer verteilt die Aufgaben und die Stifte. Sofort lesen die Kinder die Aufgaben. Dann geht es endlich los.

Lösungen

1 a)

Marek, Nora und Ben gehen die Straße entlang. Sie finden das Kino. Ben liest die Aufgabe vor: „Wie heißt der Film, der nachmittags läuft?" Nora und Marek rufen: „Der Junge und das Yak."

1 b) und c)

der	das	die
der Ⓕilm	das Ⓚino	die Ⓢtraße
der Ⓙunge	das Ⓨak	die Ⓐufgabe

2 a)

> Hier ist ein Buchladen, da ist ein Frisör, dort ist ein Kaufhaus, aber da hinten gibt es eine Bäckerei.

2 b)

der Buchladen – ein Buchladen,
der Frisör – ein Frisör,
das Kaufhaus – ein Kaufhaus,
die Bäckerei – eine Bäckerei

1

die Einzahl	die Mehrzahl
der Platz	die Plätze
die Bank	die Bänke
das Schild	die Schilder
der Brunnen	die Brunnen
das Auto	die Autos
die Blume	die Blumen

2 In der Mitte steht *der Brunnen.*
Kim zeichnet *die Bänke.*
Lukas malt *die Blumen.*
Elif zeichnet *das Schild.*
An der Straße parken *die Autos.*

1 einen riesigen Koffer, eine alte Puppe, einen lustigen Hut, ein buntes Sofa

2 *Zum Beispiel:*

Adrian fotografiert einen kleinen Teddy.

Erik fotografiert ein buntes Sofa.

Sina fotografiert eine alte Puppe.

Mandy fotografiert einen riesigen Koffer.

Luan fotografiert eine schöne Jacke.

1 **Die Rallye ist zu Ende**
Die Gruppen | haben | die Aufgaben gelöst. | Das Spiel | war | ein großer Erfolg. | Nun gehen | die Kinder | zurück in die Schule. | Stolz | zeigen sie | die Zeichnungen | und die Fotos. | Der Lehrer hat | eine Überraschung | für alle. | Jeder bekommt | ein kleines Eis.

Das kann ich!

1 a)
Der Wintertag
In der Pause ist heute viel los. Alle freuen sich über den Schnee. Marek und Tom schlittern über das Eis. Ben und Kati schreiben ihre Namen in den Schnee. Ole und Nora bauen den größten Schneemann.

1 b)

ei	au	eu
das Eis	die Pause	heute
schreiben	bauen	(sich) freuen

2 Draußen jubeln die *Kinder.*
Es hat geschneit. Der *Garten* ist ganz weiß.
Alle tragen warme *Kleidung.*
Ben hat vor Kälte ein rotes *Gesicht.*

3 a) und b)
Wörter mit **B/b**: der Ⓑesen, Ⓑringen, der Ⓑus
Wörter mit **P/p**: das Ⓟaket, Ⓟlanen, der Ⓟulli

Seite 31

1 a)

Das Sommerfest
Der Sommer ist da. Am Abend bleibt es
länger hell. Alex und Lena feiern ein Fest
im Garten. Sie stellen Tische unter die
Bäume. Sie pflücken Sträuße mit bunten
Blumen. Bald kommen die ersten Gäste.

1 b) und c)
länger	→	lang,
die Bäume	→	der Baum,
die Sträuße	→	der Strauß,
die Gäste	→	der Gast

2 zwei Silben: *die Biene, schwierig, spielen*

drei Silben: *notieren, zufrieden, radieren*

3

 *der Brief*    *der Dieb*    *das Ziel*

Seite 32

1

 die Spinne   *der Stein*

 der Stab   *der Spiegel*

2 a)

Am Strand
Rico und Nora spielen am Strand.
Rico springt über ein Handtuch.
Nora stolpert über einen Stock.
Die Kinder malen Spuren in den Sand.

2 b)
Wörter mit **Sp/sp**: *spielen, springt,
die Spuren*
Wörter mit **St/st**: *der Strand, stolpert,
der Stock*

2 c)
Zum Beispiel:
der Spaß, später
die Stunde, stolz

3 a)

Am Nachmittag
Kim und Elena spielen ein Spiel am
Computer. Beide Kinder wollen nicht
verlieren. Marek findet Comics cool.
Noch viel lieber beobachtet er die Vögel
im Garten.

3 b)
Wörter mit **C/c**: *der Computer, die Comics,
cool*
Wörter mit **V/v**: *verlieren, viel, die Vögel*

3 c)
Zum Beispiel:
die Cornflakes, clever
der Vormittag, vergessen

Seite 33

1 *Heute*
~~heute~~ *macht die Klasse 6b eine Rallye.*
Die
~~die~~ *Kinder laufen durch die Stadt.*
Auf
~~auf~~ *dem Marktplatz lösen sie die erste
Aufgabe.*
Dort
~~dort~~ *zeichnen sie das Schild und die Bänke.*

2 *Heute macht die Klasse 6b eine Rallye.
Die Kinder laufen durch die Stadt. Auf dem
Marktplatz lösen sie die erste Aufgabe.
Dort zeichnen sie das Schild und die Bänke.*

3

 *das Schild*    *die Bänke*

 der Brunnen    *die Autos*

4 *Zum Beispiel:
die Klasse, eine Rallye, die Kinder, die Stadt,
der Marktplatz, die Aufgabe*

Lösungen

Wortart Nomen

Seite 34

1 Der Vormittag ist sonnig. Es gibt viel zu tun. Elif füllt die Gießkanne. Paul holt die Schubkarre und legt eine Pflanze hinein. Lena fragt: „Wo ist ein Spaten? Ich muss hier umgraben." Die Arbeit macht durstig. Da bringt der Lehrer etwas zu trinken. Die Begeisterung ist groß.

2

Lebewesen, Gegenstände	etwas, das wir uns denken
die Gießkanne	der Vormittag
die Schubkarre	die Arbeit
eine Pflanze	die Begeisterung
ein Spaten	
der Lehrer	

Seite 35

3 a)

Im Garten ist es nie langweilig
Wenn der Frühling kommt, blühen die ersten Blumen. Wir setzen dann die neuen Pflanzen in die Erde. Der Sommer ist heiß. Aber der Morgen ist meist noch kühl. Dann gießen wir unsere Pflanzen. Wir gehen regelmäßig in den Garten. Die Aufregung ist groß, denn die Erdbeeren sind reif. Alle Pflanzen sind kräftig gewachsen. Die Freude ist riesig. Aber die Schnecken haben unseren Salat gefressen. So ein Ärger!

3 b)
Zeitangaben: *der Frühling, der Sommer, der Morgen*
Gefühle: *die Aufregung, die Freude, ein Ärger*

4 Zeitangaben: *der Abend, der Herbst, die Stunde, die Nacht, der Winter, die Woche, der Tag*
Gefühle: *der Spaß, die Wut, der Mut, die Angst, die Vorfreude, das Glück, die Liebe*

Seite 36

1 Mir gefällt die neue Gartenbank. Aber der Gartenzaun ist kaputt.

2 der Garten + ⟨die⟩ Schere → ⟨die⟩ Gartenschere
der Garten + ⟨das⟩ Tor → ⟨das⟩ Gartentor
der Garten + ⟨der⟩ Schlauch → ⟨der⟩ Gartenschlauch

3 a)
Die Gartenarbeit
Adrian und Kim sammeln Steine. Daraus bauen sie ein Steinbeet. Paul und Erik hängen das Insektenhotel auf. Mia und Nora gießen das Gemüsebeet. Die Gartenarbeit macht den Kindern Spaß.

3 b)
der Stein + ⟨das⟩ Beet → ⟨das⟩ Steinbeet
die Insekten + ⟨das⟩ Hotel → ⟨das⟩ Insektenhotel
das Gemüse + ⟨das⟩ Beet → ⟨das⟩ Gemüsebeet
der Garten + ⟨die⟩ Arbeit → ⟨die⟩ Gartenarbeit

Seite 37

4 Mir gefällt die Arbeitsgruppe im Garten. Dort brauche ich das Arbeitsheft nicht. Außerdem sind die Gesprächsregeln nicht so streng. Auch die Mittagspause verbringen meine Freunde und ich gern im Garten.

5 die Arbeit⟨s⟩gruppe, das Arbeit⟨s⟩heft, die Gespräch⟨s⟩regeln, die Mittag⟨s⟩pause

6 die Geburt + der Tag = der Geburt⟨s⟩tag
die Liebe + der Brief = der Liebe⟨s⟩brief
der Frühling + das Fest = das Frühling⟨s⟩fest
das Glück + der Klee = der Glück⟨s⟩klee
die Arbeit + der Plan = der Arbeit⟨s⟩plan
der Liebling + die Farbe = die Liebling⟨s⟩farbe

7 Zum Beispiel:
der Liebling + der Film = der Lieblingsfilm
die Arbeit + der Tag = der Arbeitstag

Wortart Pronomen

Seite 38

1 ich: *mein Füller, mein Buch, meine Mappe*
du: *dein Füller, dein Buch, deine Mappe*

2 Luan: Frau Wolf, ich finde *mein* Buch nicht.
Frau Wolf: Du brauchst *dein* Buch zum Arbeiten. Wer hilft Luan? Er sucht *sein* Buch.

Inga: Frau Wolf, ich finde *meine* Schere nicht.
Frau Wolf: Du brauchst *deine* Schere zum Basteln. Wer hilft Inga? Sie sucht *ihre* Schere.

Seite 39

3 wir: *unser Bus, unser Plakat, unsere Kiste*
ihr: *euer Bus, euer Plakat, eure Kiste*

4 Elif: Ich suche meine Sportsachen.
Marek: Guck mal, Elif! Hier sind deine Sportsachen. Hier ist *dein* Sportbeutel.
Und das ist doch *deine* Sporthose.
Elif: Ja, super. Das sind meine Sachen. Guck mal, Marek! Dieses Buch gehört doch Luan.
Marek: Ja, das ist *sein* Buch. Und diese Kette gehört doch Inga.
Elif: Ja, das ist *ihre* Kette. Aber wo ist unser Kartenspiel?
Marek: Wir haben leider kein Glück, denn *unser* Kartenspiel ist hier nicht.

Wortart Verben

Seite 40

1 *sie bauen, sie malen, sie fegen*

2 Ava und Paul tragen die Bretter auf den Schulhof. Berat und Kim bohren Löcher in die Bretter. Lisa holt die Farben. Paul streicht eine Bank gelb.

3 Was tun Ava und Paul? *Sie tragen die Bretter auf den Schulhof.*
Was tun Berat und Kim? *Sie bohren Löcher in die Bretter.*
Was tut Lisa? *Sie holt die Farben.*
Was tut Paul? *Er streicht eine Bank gelb.*

Seite 41

4 a)
„Leute, ich male die Blumen", sagt Marek.
Sina ruft: „Super, du malst so schön."
Tom malt einen Vogel. Sina malt einen Schmetterling. Emma und Lukas arbeiten zusammen. Sie rufen: „Lasst uns noch Platz! Wir malen hier einen Baum."
Frau Traube ist begeistert: „Ihr malt wie die Profis!" Die Kinder sind stolz.
Sie malen fröhlich weiter.

4 b)
ich *male*   wir *malen*
du *malst*   ihr *malt*
er/sie *malt*   sie *malen*

5 *Zum Beispiel:*
Ich suche die Schrauben.
Du holst die Getränke.
Wir machen eine Pause.
Ihr sitzt auf der neuen Bank.

Seite 42

1 Wir haben ein riesiges Wandbild gemalt.
Wir haben zuerst die Leiter geholt.
Die Lehrerin hat uns dann Tipps gegeben.
Sina hat einen Schmetterling gemalt.

2 Wir haben neue Bänke *gebaut.*
Zuerst haben wir die Bretter auf den Hof *getragen.* Dann haben wir die Anleitung genau *gelesen.* Kim und Berat haben Löcher in das Holz *gebohrt.* Ich habe die Schrauben in die Löcher *gedreht.* Wir haben hier eine ganze Woche *gearbeitet.* Es hat viel Spaß *gemacht.*

Lösungen

Seite 43

4 *Zum Beispiel:*

Hallo, ich heiße Berat. Wir haben neue Bänke gebaut. Wir haben die Löcher in die Bretter gebohrt. Unser Lehrer hat viele Tipps gegeben.

Hallo, ich heiße Sina. Die Kinder haben einen Baum und einen Schmetterling gemalt. Eine Gruppe hat viele Fotos gemacht.

Wortart Adjektive

Seite 44

1 a)

> Der Gegenstand ist glatt.
> Er ist hart und schwer.

1 b)

glatt, hart, schwer

2

 X

3 Die Feder ist *leicht* und *weich*.
Der Igelball ist *rund* und *stachelig*.
Die Gabel ist *spitz* und *lang*.
Der Stein ist *hart* und *schwer*.

Seite 45

4 Ihr braucht einen *großen* Pappkarton. Zuerst schneidet ihr zwei *runde* Löcher in eine Seite. Eure Hände sollen durch die Löcher passen.
Dann klebt ihr ein *dickes* Stück Stoff von innen vor beide Löcher.
Zum Schluss legt ihr *kleine* Gegenstände in eure Fühlkiste.

5 *Zum Beispiel:*
Tom nimmt einen (spitzen) (Stein).
Er nimmt ein (weiches) (Stück Watte).
Er nimmt ein (kleines) (Stück Wolle).
Tom nimmt eine (lange) (Schnur).

Seite 46

1 *groß, größer als, am größten*

2 *Topf* (1) *ist schwer.*
Topf (2) *ist schwerer als Topf* (1).
Topf (3) *ist am schwersten.*

3 *leicht – leichter als – am leichtesten*
klein – kleiner als – am kleinsten
schmal – schmaler als – am schmalsten
breit – breiter als – am breitesten
hoch – höher als – am höchsten

Seite 47

4 Sonnenblume (2) wächst *besser als* Sonnenblume (1).
Sonnenblume (3) wächst *am besten*.
Sonnenblume (2) ist *größer als* Sonnenblume (1).
Sonnenblume (3) ist *am größten*.
Sonnenblume (2) hat *mehr* Blätter *als* Sonnenblume (1).
Sonnenblume (3) hat *am meisten* Blätter.
Der Stängel von Sonnenblume (2) ist *dicker als* der Stängel von Sonnenblume (1).
Der Stängel von Sonnenblume (3) ist *am dicksten*.

5 *Zum Beispiel:*
Ich finde Sonnenblume (3) *schöner als Sonnenblume* (1).
Sonnenblume (2) *gefällt mir am besten.*

Sätze

Seite 48

1 *Wer springt über die Wiese? Die Ziege springt über die Wiese.*
Wer fliegt über den Teich? Die Ente fliegt über den Teich.
Wer steht am Zaun? Der Esel steht am Zaun.
Wer brummt im Schlaf? Der Bär brummt im Schlaf.

2 (Was tut) die Ziege? Die Ziege (springt) über die Wiese.
(Was tut) die Ente? Die Ente (fliegt) über den Teich.
(Was tut) der Esel? Der Esel (steht) am Zaun.
(Was tut) der Bär? Der Bär (brummt) im Schlaf.

Seite 49

4 Der Otter (taucht) im Becken.
Das Erdmännchen (steht) auf dem Hügel.
Das Lama (spuckt) über den Zaun.
Der Wolf (beobachtet) die Besucher.
Das Pferd (frisst) die Äpfel.

Seite 50

1 Die Affen (springen) von Baum zu Baum.
Von Baum zu Baum (springen) die Affen.

2 b)
Die kleinen Affen (toben) durch das Affenhaus.
Die großen Affen (fressen) Bananen und Möhren.
Die Kinder (lachen) über die kleinen Affen.
Die Besucher (klatschen) vor Freude.
Zwei Tierpfleger (reinigen) das Affenhaus.

3 Durch das Affenhaus (toben) die kleinen Affen.
Bananen und Möhren (fressen) die großen Affen.
Über die kleinen Affen (lachen) die Kinder.
Vor Freude (klatschen) die Besucher.
Das Affenhaus (reinigen) zwei Tierpfleger.

Seite 51

4 Zum Beispiel:
Die Kinder klettern auf die Mauer.
Die Ziegen trinken kühles Wasser.
Die Kinder trinken frischen Eistee.
Die Erdmännchen stehen im Schatten.

6 Zum Beispiel:
Auf die Mauer klettern die Kinder.
Kühles Wasser trinken die Ziegen.
Frischen Eistee trinken die Kinder.
Im Schatten stehen die Erdmännchen.

Das kann ich!

Seite 52

1

Lebewesen, Gegenstände	etwas, das wir uns denken
der Gärtner	der Vormittag
die Schnecke	die Aufregung
der Spaten	die Wärme
die Kirsche	der Frühling

2 Zum Beispiel:
der Gartenzaun, das Vogelhaus, die Holzbank

3 Zum Beispiel:
das Lieblingslied, das Lieblingsbuch,
der Arbeitstag, das Arbeitsbuch,
das Frühlingslied, der Frühlingstag

Seite 53

1 Tom und Ava fegen den Schulhof.
Marek sucht unter den Büschen nach Müll.
Berat ruft: „Ich hole die Müllsäcke.
Ole, hilfst du mir?"

2 Zum Beispiel:
Ich fege die Treppe.
Du fegst den Weg.
Wir putzen die Bänke.
Ihr putzt die Tische.

3 Ich habe den Besen vom Hausmeister geholt.
Du hast den Schulhof gefegt.
Berat hat die Müllsäcke zur Mülltonne getragen.
Mara und Ole haben die Bänke geputzt.
Wir haben alte Flaschen gesammelt.

Seite 54

1 Das Haargummi ist rund und weich.
Das Lineal ist lang und eckig.
Der Hammer ist hart und schwer.

Lösungen

2 *leicht – leichter als – am leichtesten*
klein – kleiner als – am kleinsten
lang – länger als – am längsten
hoch – höher als – am höchsten

3 *Zum Beispiel:*
Die Fühlkiste ist leicht.
Die Bücherkiste ist größer als
die Werkzeugkiste.
Die Werkzeugkiste ist am schwersten.

Seite 55

1 Wer fliegt zum Teich? Die Ente fliegt zum
Teich.
Wer taucht im Becken? Der Otter taucht im
Becken.

2 Was tut die Ente? Die Ente fliegt zum Teich.
Was tut der Otter? Der Otter taucht im
Becken.

3 Auf dem Felsen liegt der Löwe.
Neben dem Felsen schläft die Löwin.
Der Adler fliegt über dem Felsen.

Das Alphabet

Seite 56

1 b)
a, b, c, d, e, f, g, h,
i, j, k, l, m, n, o, p, q,
r, s, t, u, v, w, x, y, z

2 a) und b)
ⓐnschauen   ⓚaufen
ⓑesuchen   ⓛesen
ⓓenken   ⓜerken
ⓕragen   ⓡeisen
ⓗelfen   ⓢehen

Seite 57

3 Aachen, Berlin, Dresden, Hamburg,
München, Stuttgart

4 *Zum Beispiel:*

	Stadt	Gegenstand	Verb
A/a	Aachen	der Aufkleber	anschauen
D/d	Dresden	die Dose	denken
S/s	Stuttgart	der Spiegel	sehen
H/h	Hamburg	der Hut	helfen

Seite 58

1 die Bananenmilch
die Bohnen
die Bratwurst
die Buchstabensuppe

2 der Kartoffelsalat
die Klöße
die Köfte
die Maultaschen
das Meloneneis
der Milchreis
das Sandwich
der Schokokuchen
die Spaghetti

Seite 59

1  die Gabel (Seite 60, Spalte 2)

 der Löffel (Seite 61, Spalte 1)

 der Topf (Seite 62, Spalte 2)

2 die Pfanne – die Pfannen (Seite 61, Spalte 2)
das Glas – die Gläser (Seite 60, Spalte 2)
das Backblech – die Backbleche (Seite 60,
Spalte 1)

3 der Hammer, die Hammer
(Seite 61, Spalte 1)

die Zange, die Zangen
(Seite 62, Spalte 2)

 der Bohrer, die Bohrer
(Seite 60, Spalte 1)